法官说法丛书

全国“八五”普法推荐读物

CASE

公司治理纠纷典型案例解析

ANALYSIS

鲁桂华 / 主编

中国法制出版社
CHINA LEGAL PUBLISHING HOUSE

本书编委会

作　　者

廖春迎　北京市第二中级人民法院副院长
杜　岩　北京市第二中级人民法院民四庭庭长
祝兴栋　北京市第二中级人民法院研究室副主任
梁志勇　北京市第二中级人民法院干部处副处长
李　雪　北京市第二中级人民法院民四庭副庭长、三级高级法官
赵银豪　北京市第二中级人民法院民四庭副庭长、三级高级法官
韩耀斌　北京市第二中级人民法院民四庭副庭长、四级高级法官
石　东　北京市第二中级人民法院民四庭三级高级法官
胡　君　北京市第二中级人民法院民四庭三级高级法官
闫　飞　北京市第二中级人民法院民四庭三级高级法官
周　岩　北京市第二中级人民法院民四庭三级高级法官
潘　伟　北京市第二中级人民法院民四庭三级高级法官
孙　盈　北京市第二中级人民法院民四庭四级高级法官
周　维　北京市第二中级人民法院民四庭四级高级法官
周晓莉　北京市第二中级人民法院民四庭四级高级法官
张　君　北京市第二中级人民法院民四庭四级高级法官
陈　洋　北京市第二中级人民法院民四庭四级高级法官
许晓晨　北京市第二中级人民法院民四庭一级法官助理
吕小彤　北京市第二中级人民法院民四庭二级法官助理
洪　靓　北京市第二中级人民法院民四庭三级法官助理
贾凯迪　北京市第二中级人民法院民四庭三级法官助理
李超男　北京市第二中级人民法院民四庭三级法官助理

李梦园　北京市第二中级人民法院民四庭三级法官助理
赵　桐　北京市第二中级人民法院民四庭三级法官助理
张宏博　北京市第二中级人民法院民四庭三级法官助理
张笑文　北京市第二中级人民法院民四庭三级法官助理
贾相力　北京市第二中级人民法院民四庭四级法官助理
杜　茵　北京市第二中级人民法院民四庭四级法官助理

目录

CONTENTS

第一章　股东资格

第一章

股东资格

案例一

股权转让过程中，新股东究竟“诞生”于哪一步？

——股东名册与公司登记的效力鉴别

周晓莉[①]　贾相力[②]

案情回顾

（一）股权转让后未及时办理变更登记，股权却遭他人转卖

八公山公司[③]为有限责任公司，由王国荣与其他七位股东出资设立，其中王国荣持股比例为8.6998%。由于公司近年来发展势头迅猛，鉴于其充沛的盈利能力与股权增值前景，魏德军希望能够入股该公司，享受股东红利。在寻求投资机会的过程中，魏德军与居间人黄志坚相识，并就入股事宜达成合意。

2016年8月1日，魏德军通过银行向黄志坚转账汇款100万元。2016年8月12日，黄志坚向魏德军出具《确认书》，确认：“一、黄志坚以总价96万元购得八公山公司中原股东王国荣名下8.6998%的股权。目前，该股权正在办理过户。二、黄志坚提供投资机会，魏德军出资100万元（黄志坚已经收到该100万元），对于黄志坚名下持有的上述股权，黄志坚、魏德军各享有50%。三、上述股权统一由黄志坚代持，在条件成熟时转至魏德军名下。”

2016年8月16日，黄志坚与王国荣签订《股权转让协议》，双方约定王国荣将其拥有的八公山公司8.6998%股权转让给黄志坚，股权转让价格为89万元，股权转让的基准日为2016年8月11日，在2016年8月11日前交割。2016年8月15日，黄志坚与王国荣办理了股权变更登记。2016年8月29日，黄志坚将4.3499%股权转至魏德军名下，八公山公司变更了股东名册，但未

---

① 周晓莉，北京市第二中级人民法院民四庭法官。

② 贾相力，北京市第二中级人民法院民四庭法官助理。

③ 本书案例中的所有当事人名称均为化名。

办理股权变更登记。黄志坚分别于 2016 年 9 月 28 日、2017 年 7 月 12 日将股东名册记载中属于自己的 4.3499% 股权转让给了案外人。

2018 年 9 月 29 日，黄志坚与三宇合伙企业签订《股权转让协议》，双方约定黄志坚将登记在其名下剩余八公山公司 4.3499% 股权转让给三宇合伙企业，转让价款为 1261010.11 元，股权转让的基准日为 2018 年 9 月 29 日。2018 年 10 月 30 日，三宇合伙企业支付股权收购款 1261010.11 元，黄志坚与三宇合伙企业办理了股权变更登记，公司变更了股东名册。后魏德军发现黄志坚上述股权转让的事实，认为自己才是本案涉及的八公山公司 4.3499% 股权的实际所有人，黄志坚与三宇合伙企业的股权转让行为无效，故向法院提起诉讼。

（二）司法审判观点

一审法院认为：根据《最高人民法院关于适用〈中华人民共和国公司法〉若干问题的规定（三）》（以下简称《公司法司法解释（三）》）第二十七条第一款[①]的规定，“股权转让后尚未向公司登记机关办理变更登记，原股东将仍登记于其名下的股权转让、质押或者以其他方式处分，受让股东以其对于股权享有实际权利为由，请求认定处分股权行为无效的，人民法院可以参照物权法第一百零六条的规定处理”。《物权法》第一百零六条第一款[②]规定：“无处分权人将不动产或者动产转让给受让人的，所有权人有权追回；除法律另有规定外，符合下列情形的，受让人取得该不动产或者动产的所有权：（一）受让人受让该不动产或者动产时是善意的；（二）以合理的价格转让；（三）转让的不动产或者动产依照法律规定应当登记的已经登记，不需要登记的已经交付给受让人。”本案中，三宇合伙企业已经登记为八公

---

① 《公司法司法解释（三）》（2020 年修正）第二十七条第一款规定：“股权转让后尚未向公司登记机关办理变更登记，原股东将仍登记于其名下的股权转让、质押或者以其他方式处分，受让股东以其对于股权享有实际权利为由，请求认定处分股权行为无效的，人民法院可以参照民法典第三百一十一条的规定处理。”

② 该条款现为《民法典》第三百一十一条第一款。

山公司的股东，符合上述法律规定的第三项情形，关于三宇合伙企业行为是否符合上述第一、二项情形，分述如下：

1. 三宇合伙企业受让股权的行为是否善意。工商登记是对股权情况的公示，股权交易中第三人有信赖登记机关登记的股权情况并作出判断的权利。本案中，魏德军虽然实际取得了股权，但其股权信息仅被记载于股东名册，却未办理股权的工商变更登记。而股东名册属于公司内部文件，仅具有内部效力，对外部第三人而言，股权登记具有公信力。三宇合伙企业在进行股权受让行为时，已审查了工商登记中股权的归属情况，尽到了充分的注意义务，其受让股权时是善意的。

2. 是否以合理的价格转让。八公山公司非上市企业，其股权交易的价格是否合理应根据企业的实际情况综合判断。三宇合伙企业提交了八公山公司股权转让时的资产负债表以及同时期三宇合伙企业与案外人股权转让的价格以证明转让价格的合理性，资产负债表显示的所有者权益数额是企业资产扣除负债后的剩余权益，反映出企业在某一特定时期内净资产总额，可以作为判断股权交易的价格是否合理的参考。本案中，黄志坚与三宇合伙企业股权交易的价格是根据八公山公司 2018 年 8 月的所有者权益数额和黄志坚的持股比例确定的，该价格与三宇合伙企业同时期受让其他股东股权的价格计算标准一致，该交易价格尚属合理。因此，应认定三宇合伙企业已支付合理对价。综上，三宇合伙企业已善意取得案涉股权，其与黄志坚转让八公山公司股权的处分行为合法有效。综上，一审法院判决：驳回魏德军的诉讼请求。

魏德军不服，提出上诉。二审法院经审理后认为，一审判决认定事实清楚，适用法律正确，故维持了一审法院的判决结果。

法理分析

对有限责任公司来说，若股权转让中公司仅将受让人的信息记载于股东名册，未变更公司登记，受让人是否具有股东资格？

首先，答案是肯定的。《公司法》第三十二条第二款规定：“记载于股东名册的股东，可以依股东名册主张行使股东权利。”最高人民法院于2019年11月14日发布的《全国法院民商事审判工作会议纪要》也指出：“当事人之间转让有限责任公司股权，受让人以其姓名或者名称已记载于股东名册为由主张其已经取得股权的，人民法院依法予以支持，但法律、行政法规规定应当办理批准手续生效的股权转让除外。”也就是说，除国有股权、中外合资经营企业股权的转让等特殊情形外，股东名册即是公司股东资格的法定证明文件。在股权转让中，如果公司已将股权受让方的信息记载于股东名册之上，那么即使公司后续未向公司登记机关进行变更登记，也依然产生股权变动的效力。受让人依据股东名册即取得了股东资格，可依法、依章程行使股东权利，承担股东义务。

其实长久以来，无论在学术界还是实务界，对股权转让中股权变动的时间节点一直存在着争议。“实质说”与“形式说”①的争论由来已久，而其中的“形式说”又衍生出了诸多观点：如认为当股权转让合同生效时股权即发生变动②；抑或当公司将受让人信息记载于股东名册时，股权即发生变动；还有观点认为，当公司完成对股东信息的公司变更登记时，才会产生股权变动的效力③……《全国法院民商事审判工作会议纪要》的出台，确认了股东名册登记的设权性质，为股权转让生效节点的司法认定统一了标准，也对审判实践中的争议起到了定分止争的效果。

然而，需要提醒读者注意的是：第一，以股东名册来确认股东资格具有一定的前提条件，即出让人与受让人之间的股权属于依法自由转让，公司置

---

① 实质说以对公司的实际出资作为股东资格认定标准，形式说以公司章程、股东名册、公司登记、出资证明书等形式要件作为认定标准。

② 王纯强：《有限公司股东资格认定》，载《人民司法》2019年第20期。

③ 江苏省高级人民法院2003年6月13日发布的《江苏省高级人民法院关于审理适用公司法案件若干问题的意见（试行）》指出：股东（包括挂名股东、隐名股东和实际股东）之间就股东资格发生争议时，除存在以下两种情形外，应根据工商登记文件的记载确定有关当事人的股东资格：（1）当事人对股东资格有明确约定，且其他股东对隐名者的股东资格予以认可的；（2）根据公司章程的签署、实际出资。依据出资证明书的持有以及股东权利的实际行使等事实可以作出相反认定。

备有股东名册，且公司对股东名册的管理与更新及时、规范。但是在实践中，仍有一些公司存在着股东名册管理不规范、形同虚设，甚至根本未置备股东名册的现象。在此种情形下，对股东的身份认定便无法单纯地依靠股东名册，在审判实践中仍会结合其他证据材料来认定，如会议纪要、公司章程、付款证明以及股权转让合同等。与此同时，依据《最高人民法院关于适用〈中华人民共和国民事诉讼法〉的解释》第四百九十三条的规定，在司法拍卖以及依法以物抵债的情形中，当买受人或债权人收到拍卖或抵债裁定书时便会产生股权变动的效力。

第二，未变更公司登记虽然不影响受让人取得公司股东资格，但此时的股东资格却因不具备对外公示效力，容易受到他人的侵害。我国《民法典》第六十五条规定："法人的实际情况与登记的事项不一致的，不得对抗善意相对人。"《公司法司法解释（三）》（2020年修正）第二十五条、第二十七条也分别对名义股东出售股权以及原股东一股二卖的效力作出了规定，即对于该等处分行为的效力认定可参照《民法典》第三百一十一条的规定处理。简言之，善意相对人在不知道股权出让方为名义股东或一股二卖的原股东的情形下，如果按照公司登记信息，向出让方支付了合理转让价款并办理完毕股东名册及公司登记的变更，善意相对人即取得了股权，实际出资人、未进行登记的真实股东则丧失了股权。根据《公司法司法解释（三）》第二十五条第二款、第二十七条第二款的规定，实际出资人、未登记的真实股东只能向名义股东、无权处分人或对未及时办理变更登记有过错的董事、高管或实际控制人请求赔偿损失。

知识拓展

（一）股权转让的一般流程

生活中常见的股权转让主要分为三类情形：有限责任公司股权的内部转让、有限责任公司股权的对外转让以及股份有限公司的股份转让。鉴于有限责任公司与股份有限公司性质上的差异，《公司法》对上述类型的股权转让作出了区分度较大的规定。有限责任公司股东之间的股权内部转让，除需公司签发出资证明书、更新股东名册、办理变更登记等程序外，《公司法》未再进行强制性规定，即只需原股东、受让股东双方达成合意，当完成股东名册的变更时，股权即发生变动的法律效果。

对于向有限责任公司股东以外的主体转让股权，《公司法》则作出了较多限制。《公司法》第七十一条规定："有限责任公司的股东之间可以相互转让其全部或者部分股权。股东向股东以外的人转让股权，应当经其他股东过半数同意。股东应就其股权转让事项书面通知其他股东征求同意，其他股东自接到书面通知之日起满三十日未答复的，视为同意转让。其他股东半数以上不同意转让的，不同意的股东应当购买该转让的股权；不购买的，视为同意转让。经股东同意转让的股权，在同等条件下，其他股东有优先购买权。两个以上股东主张行使优先购买权的，协商确定各自的购买比例；协商不成的，按照转让时各自的出资比例行使优先购买权。公司章程对股权转让另有规定的，从其规定。"也就是说，在公司章程未进行特殊规定的情形下，股权转让需征得其他股东人数的过半数同意，且当其他股东未行使优先购买权时，受让人才具备受让股权的资格。但享有资格并不等同于取得股权，股权的取得仍是自股东名册记载变更时生效。法律、行政法规规定应当办理批准手续生效的，还要以股东名册变更与批准手续生效均完成时才发生股权变动。

对于股份有限公司的股份转让事项，《公司法》采取了较为宽松的态度，即以股份的自由转让为基础，兼采意思自治的原则。因此，股份有限公司的股份转让事项可由股东在不违反法律、法规强制性规定的前提下，通过公司章程自由约定。

（二）股东名册与公司登记制度

股东名册是我国2005年修订《公司法》时新增的内容，那么，《公司法》是基于何等初衷而增设了此项制度？股东是公司财产的所有者，也是公司收益及亏损的最终承担者，他们享有诸多权利，也需承担诸多义务。在暂不考虑对外效力的前提下，公司内部设立股东名册，诸股东便能够依股东名册来行使股东权利、承担股东义务。“九层之台，起于累土”，对各股东持股比例以及权利义务的明示，有利于维护公司的稳定运营，也有利于保障公司的自治性管理并降低股权变动成本。学者张双根对此有一经典的表述：“股东名册的设置与掌管，均由公司自己来承担，且股东名册可以脱离公司章程，在设置、变更以及更正等程序运作上具有一定的独立性，其程序相对来说更为简便。因此相比较而言，以股东名册作为公司内部确定股东资格的标准，更符合公司内部的运行逻辑，更符合其效率与成本规则。这是确立股东名册标准的内在理路。”①

然而，根据我国《公司法》《公司法司法解释（三）》的相关规定，有限责任公司应当对新股东签发出资证明书、记载于股东名册并向公司登记机关办理登记，《公司登记管理条例》进一步明确：有限责任公司变更股东的，应当自变更之日起 30 日内向原公司登记机关申请变更登记。既然通过股东名册已经能够确定股东资格，那么为何还要设立股权的公司登记制度？究其原因，是因为股东名册属于公司内部文件，其设立是为了公司内部的运营和管理，当面对公司外部的主体时，其弊端便显现出来：由于公司内部信息的封闭性，外部主体查阅股东名册会有较多阻碍，即便一些公司允许外人查阅，股东名册内容的真实性也无法得到保证。因此，若仅依靠股东名册，无论是对公司股东身份的对外公示效力，还是对股权转让相对人的信赖利益保护，均存在着明显的短板与不足。

而公司登记制度则正可以弥补上述缺陷。公司登记是将公司名称、住所、注册资本、股东信息等情况在我国公司登记机关所进行的官方记录与备案。鉴于登记机关的官方性、权威性以及中立性，已登记的公司信息具备了可供相对人信赖的客观基础，相对人通过对公司登记信息的掌握便形成了受法律保护的信赖利益，继而能够放心地与公司或股东进行交易。但是公司登记

① 张双根：《论有限责任公司股东资格的认定——以股东名册制度的建构为中心》，载《华东政法大学学报》2014 年第 5 期。

也存在着一些不足：公司信息的登记往往存在滞后性，《公司登记管理条例》规定有限责任公司对股权变动事项应当自变更之日起30日内办理变更登记，鉴于需要公司前期准备与行政机关审批，30日期限的设置有其合理性，但在此期间内仍避免不了公司登记与股权真实情况存在偏差，而现实中更是存在一些公司怠于办理变更登记甚至伪造资料进行虚假变更登记的情形。

虽然股东名册与公司登记在制度上各有不足之处，但也应当看到其起到积极效用的一面。正是这样一公一私、一外一内、相辅相成的两种登记制度，构成了我国规范前提下的股东资格确认制度。

（三）股权转让中的善意取得

无论是《公司法司法解释（三）》第二十五条规定的名义股东处分股权，还是该解释第二十七条规定的原股东一股二卖，对处分行为效力认定所作的规定均为“人民法院可以参照民法典第三百一十一条的规定处理”。而《民法典》第三百一十一条规定，当无权处分人处分财产时，若相对人为善意（不知处分人无处分权限），且支付了合理的转让对价，也已履行完毕登记或交付等物权变动公示行为，善意相对人即取得了该财产的所有权，此即为《民法典》中的善意取得制度。在《民法典》中，善意取得是依附于无权处分所设立的制度，只有在处分人对标的物没有处分权限的前提下，才有善意取得的存在空间。

在股权转让中，原股东第二次转让股权即属于无权处分，因此符合善意取得的适用条件，此处并没有太多争议。但名义股东处分股权并不属于无权处分，因为在股权代持关系中，股东名册所记载的名义股东为公司的合法股东，实际出资人仅是通过其与名义股东之间的股权代持协议来间接享有股东权利、承担股东义务，因此善意取得制度的适用土壤——无权处分并不存在，故理论界对此也颇有争议。根据文义解释，“参照”意为参考仿照，即如果某项法律制度的重要构成要件、保护法益与另一法律制度相仿，则可以类推适用。名义股东出售股权与物权法上的善意取得制度正是有此种相似性，故能够作出相同的评价。

其实，无论是物权法上的善意取得制度，还是股权转让中的“参照”，设立初衷均是保护交易中相对人的信赖利益。在市场交易中，常常会出现交易双方信息不对等的情形，交易相对人判断交易可行性大小的根据即在于另一方所拥有的权利外观，即不动产、股权的登记，普通动产的占有等。当权利外观完整，且不存在其他客观阻碍时，交易相对人即认为具备交易的可行性，并愿意为之投入前期成本来展开磋商，直至达成交易。“所有权善意取得中的善意是因信赖权利外观而产生的，信赖权利表征而为交易之人，法律承认其具有与取得真实物权相同的法律效果。”[①]

回归到股权转让中，公司登记对外具有公示作用，股权受让人作为公司的外部主体，其掌握公司股权信息的渠道一般仅限于公司对外公示的登记信息，受让人往往会依此作出是否进行交易的判断。因此，只有参考、借鉴《民法典》的善意取得制度，股权转让中各方的利益才能够得到平衡，股权转让才能在市场中有序、规范地进行。

普法提示

（一）强化主观意识，提高对股权转让的重视程度

股权是一种综合性权利，是股东基于对公司的出资而享有的公司经营收益及运营管理中各项权利及义务的总称，也体现着对公司的所有权。股权转让本质上属于权利的买卖，意味着转让人与受让人之间发生了对公司财产控制关系的变化，会导致转让人与受让人一系列权利和义务的转变。对于股权转让，我们首先需要增强对其背后意义的了解，股权不只意味着利润分红与管理权限，也意味着亏损的承担及各项义务的履行。只有增强风险意识，才能够从源头出发，提高主观上对股权交易流程规范性的重视程度，激发自我保护的动力。

（二）恪守规范流程，不为股东资格留下隐患

就有限责任公司的股权对外转让而言，在股权转让实践中，要把握好以

① 崔建远：《物权法》（第四版），中国人民大学出版社 2017 年版，第 51 页。

下流程节点：

1. 股东会决议的通过。在公司章程没有特殊规定的情形下，股权对外转让需要股东人数的过半数同意。除此通过比例以外，还要注意做好对其他股东的通知、意见听取等细节工作，并尽可能保留好书面资料。

2. 其他股东优先购买权的行使。基于有限责任公司兼备人合性与资合性的特征，《公司法》赋予了其他股东针对所转让股权的优先购买权，并明确了优先购买权受损时的救济途径。只有当其他股东放弃优先购买权时，受让人才具备了获得目标股权的前提条件。因此，要充分征询其他股东对优先购买权的行使意见，保障其他股东的优先购买权，切莫因小失大。

3. 股东名册的变更及公司登记的办理。股东名册是股权转让中权利变动的关键一步，公司登记则是对抗其他相对人的安全保障。变更股东名册、办理工商登记的义务主体是公司，受让人可以通过合理方式，及时督促公司完成变更。

（三）积极自我保护，保障合法权益不受侵犯

若股权转让的前置流程均已履行完毕，公司却迟迟不予变更股东名册，亦不配合办理公司变更登记怎么办？遇到此种情形，受让人也不必惊慌。股权转让合同在此时便发挥了作用——股权转让合同规定了转让方与受让方各自的权利与义务，即转让方应当完成股权的交付，受让方应当支付相应的价款。其中，转让方的交付义务即包括通知公司、请求公司变更股东名册及办理公司登记变更。若转让方怠于履行义务，则受让人可依据股权转让合同追究转让人的违约责任。同时，根据《公司法》与《公司登记管理条例》的相关规定，公司负有将股权变更事项记载于股东名册、修改公司章程以及办理工商变更登记的义务，若公司不予配合，则转让人或受让人均可以公司为被告向法院提起诉讼，以保护自己的合法权益。针对上文提到的名义股东转让股权和原股东一股二卖等特殊情形，若善意相对人已取得股权，则受让人可向名义股东、原股东以及对未及时办理变更登记有过错的董事、高管或实际控制人主张赔偿责任。

案例二

隐名出资中的实际出资人能否直接请求公司变更工商登记？

——解析《公司法司法解释（三）》第二十四条关于实际出资人有无股东资格的规定

周岩[①] 杜茵[②]

在公司投资关系中，自然人或企业有时出于特定目的或考虑，选择“藏身幕后”，委托他人代持股权，在公司相关文件中记载他人为股东并进行工商登记，造成“名实不符”的现象。[③] 登记显名的股东称为“名义股东”，幕后进行实际投资的股东称为“实际出资人”。当实际出资人不再满足于“幕后”，想要由自己行使股东权利（如行使股东知情权、股东收益权）时，实际出资人是否具备股东资格从而请求公司予以变更登记便成为一个值得思考的法律问题。

案情回顾

国康公司设立于 2002 年 2 月 4 日，注册资本共 200 万元。工商登记显示股东出资情况：李卫国出资 42 万元，高云秀出资 37.5 万元，张强出资 37.5 万元，王战出资 37.5 万元，孙爱忠出资 37.5 万元，陆婷出资 4 万元，陈兰兰出资 4 万元。此后，国康公司经过多次增资及股权转让，目前工商登记显示：国康公司注册资本为 8000 万元，李卫国、陈兰兰两人不是公司股东，其他人仍为公司股东。李卫国手里持有陈兰兰入资资金凭证（退交出资人存查联）原件，该凭证载明：出资人陈兰兰，入存金额 4 万元，预先核准企业

① 周岩，北京市第二中级人民法院民四庭法官。

② 杜茵，北京市第二中级人民法院民四庭法官助理。

③ 甘培忠、周淳：《隐名出资纠纷司法审裁若干问题探讨》，载《法律适用》2013 年第 5 期。

名称为国康公司，日期为2002年1月15日。李卫国向一审法院请求：确认国康公司设立时陈兰兰所持有的该公司2%的股权属于李卫国所有。

一审法院认为，国康公司设立时虽然登记陈兰兰持有该公司2%的股权，但依据李卫国提交的入资凭证原件以及陈兰兰的陈述内容，可以认定李卫国为国康公司设立筹措了资金并代陈兰兰交纳了入资款，同时可以认定李卫国与陈兰兰之间存在隐名出资关系。陈兰兰是登记的名义股东，但本人并未实际出资，不享有股东权利，其在国康公司设立时的4万元出资系李卫国所出，相应的股权由李卫国所有。一审法院依照《公司法司法解释（三）》第二十四条第二款的规定，判决确认国康公司设立时登记在第三人陈兰兰名下的2%股权属于李卫国所有，支持了李卫国的诉讼请求。

国康公司不服一审判决，提起上诉，请求二审法院撤销一审判决，改判驳回李卫国的一审诉讼请求。国康公司认为，股东资格产生争议时应该依据工商登记文件中记载的公司章程来确定，这是证明股东资格的直接证据。李卫国与陈兰兰约定以一方名义出资（显名投资）、另一方实际出资（隐名投资），两人的约定对国康公司不产生效力，两人如果对隐名出资约定产生纠纷，诉讼主体应该是名义出资方与实际出资方，而不应该是国康公司。国康公司还认为，陈兰兰的陈述内容只能体现陈兰兰与李卫国之间存在隐名出资的约定，不能直接说明李卫国为国康公司的设立筹措了资金。李卫国则认为，股东资格的认定要以公司章程为依据，不是以工商登记为准，国康公司在其他的案件中陈述7个自然人股东交纳的都是现金，而实际上是以李卫国任法定代表人的公司开具支票的形式进行转账注资。第三人陈兰兰则同意一审判决，认可自己与李卫国之间存在代持关系。

二审法院认为，依据《公司法》第二十八条、第二十九条、第三十二条的规定，股东取得股东资格和股东权利，需要满足两个要件，即实质要件和形式要件，实质要件是指通过出资取得股东资格，形式要件则是指对股东出资有记载和证明，是实质要件的外在表现。本案中，对于陈兰兰名下的2%股份，出资证明书、章程、股东名册、工商登记等材料上记载的股东都是陈兰兰。在公司法意义上，陈兰兰才具有国康公司的股东资格。《公司法司法解释（三）》第二十四条明确了实际出资人和名义股东之间基于合同关系而产生的权利义务，如果实际出资人想要成为股东，必须经法定的程序，这实际上是对公司当前股东现状的改变。当然，李卫国与陈兰兰之间如果存在其他民事法律关系，可以另行主张。最终，二审法院改判驳回了李卫国的诉讼请求。

二审判决和一审判决认定的结果完全不同，从案件审理过程来看，案件的争议焦点是：股东资格的认定标准是什么，是以公司章程、公司股东名册还是工商登记作为认定标准？股权代持情况下的实际出资人是否具有股东资格，能否请求公司变更工商登记？

法理分析

关于名义股东与实际出资人的股东资格问题，《公司法司法解释（三）》第二十四条作出了明确规定，该条文也是司法实践中处理此类案件的主要依据。

《公司法司法解释（三）》第二十四条[①]规定："有限责任公司的实际出资人与名义出资人订立合同，约定由实际出资人出资并享有投资权益，以名义出资人为名义股东，实际出资人与名义股东对该合同效力发生争议的，如无合同法第五十二条规定的情形，人民法院应当认定该合同有效。前款规定的实际出资人与名义股东因投资权益的归属发生争议，实际出资人以其实际履行了出资义务为由向名义股东主张权利的，人民法院应予支持。名义股东以

① 《公司法司法解释（三）》（2020 年修正）第二十四条规定：" 有限责任公司的实际出资人与名义出资人订立合同，约定由实际出资人出资并享有投资权益，以名义出资人为名义股东，实际出资人与名义股东对该合同效力发生争议的，如无法律规定的无效情形，人民法院应当认定该合同有效。前款规定的实际出资人与名义股东因投资权益的归属发生争议，实际出资人以其实际履行了出资义务为由向名义股东主张权利的，人民法院应予支持。名义股东以公司股东名册记载、公司登记机关登记为由否认实际出资人权利的，人民法院不予支持。实际出资人未经公司其他股东半数以上同意，请求公司变更股东、签发出资证明书、记载于股东名册、记载于公司章程并办理公司登记机关登记的，人民法院不予支持。"

公司股东名册记载、公司登记机关登记为由否认实际出资人权利的，人民法院不予支持。实际出资人未经公司其他股东半数以上同意，请求公司变更股东、签发出资证明书、记载于股东名册、记载于公司章程并办理公司登记机关登记的，人民法院不予支持。”该法条的适用主要涉及以下两个问题。

（一）实际出资人与名义股东之间的隐名出资约定是否有效?

实际出资人与名义股东之间通过口头约定或者签订书面协议的方式作出隐名出资的安排。当事人之间的隐名出资约定具有债的特征，本质上是合同关系。隐名出资约定是否有效，要依据《合同法》[①]的相关规则加以判断。具体而言，如果不存在《合同法》第五十二条[②]规定的合同无效情形，隐名出资约定是合法、有效的，对实际出资人和名义股东都具有拘束力。实际出资人有权依据隐名出资约定请求名义股东支付其从公司获取的投资收益，以及主张合同约定的其他权利。这样的规定改变了此前一律认定隐名出资约定无效的思路，既尊重了当事人的意思自治，也符合不断发展创新的商业安排，同时具有理论上的正当性。

回到本案，李卫国提交了入资凭证原件，结合第三人陈兰兰的陈述内容，可以认定李卫国为国康公司的设立筹措了资金并代陈兰兰交纳了入资款。通过上述证据，也可以认定李卫国与陈兰兰之间有口头的隐名出资约定。在该约定中，李卫国是实际出资人，陈兰兰是名义股东。隐名出资约定是双方之间的真实意思表示，不存在合同无效的情形，那么约定是有效的。既然隐名出资约定有效，那么背后出资的实际出资人是否就是公司的股东呢?

（二）实际出资人是不是公司的股东

尽管实际出资人和名义股东之间的隐名出资约定有效，但不意味着实际

---

① 《民法典》合同编。

② 《民法典》第一百四十四条、第一百四十六条、第一百五十三条、第一百五十四条等关于民事法律行为无效的规定。

出资人就是公司的股东。股东资格的取得需要满足一定条件：一是向公司出资或者认购股份；二是股东姓名或者名称被记载在公司章程、股东名册中。前者是对股东身份的实质性要求；后者是对确认股东身份的形式要求。一般情况下，作为一名适格的股东，二者应该是一致的。[①]而在隐名出资的情况下，二者看似不一致，这也是产生争议的根源。

虽然实际出资人是向公司出资或者认购股份的投资人，但这种实际出资的行为通常不为他人所知晓，因此名义股东才是公司的股东。法律上对当事人的意思表示进行解释时，有意思主义和表示主义两种学说。意思主义强调探究表意人真实的意思表示，表示主义则以受领人为视角，指的是受领人所理解的表示意义。[②]举个简单的例子来说明一下，张三准备从李四处购买型号 A 的机器五台，为了防止自己记错型号，张三特意在纸条上写明：欲购买型号 A、五台，但在和李四磋商签订合同时，张三咨询了型号 B 机器的单价，双方最终订立合同，合同载明：型号 B、四台，事后张三以意思表示错误为由坚持让李四提供五台型号 A 的机器。在这个小案例中，尽管张三内心真实的意思是购买五台型号 A 的机器，但从受领人李四的角度，或者一般人作为该情景下的意思受领人，均认为张三的意思是购买四台型号 B 的机器。同样的道理，名义股东虽然是代他人出资，但是从公司其他股东的角度看，名义股东（而不是实际出资人）具有出资的意思表示，因此名义股东符合向公司出资或者认购股份这一条件。综上所述，名义股东满足股东资格的形式要件和实质要件，是公司的股东，实际出资人则不是公司的股东。

再回到本案，虽然李卫国与陈兰兰之间的隐名出资约定有效，但由于李卫国作为实际出资人不满足股东资格条件，所以李卫国不是公司的股东，其请求国康公司变更工商登记无法律依据。陈兰兰依据其与李卫国之间的隐名出资约定持有国康公司股权，虽然股权出资的资金来自李卫国，但陈兰兰满足股东资格条件，是公司的股东。李卫国无权请求公司变更工商登记，但可

① 施天涛：《公司法论》（第三版），法律出版社 2014 年版，第 241 页。

② 参见朱庆育：《民法总则》（第二版），北京大学出版社 2016 年版，第 220 页。

以依据隐名出资约定向陈兰兰主张权利，这一点二审法院在判决中也进行了说明（李卫国与陈兰兰之间如存在其他民事法律关系，可另行主张）。

知识拓展

（一）公司章程、股东名册与工商登记

本案中，李卫国主张其是公司设立时公司章程所记载的股东，而依据公司设立时的工商登记显示，陈兰兰是公司的股东。由此产生一个疑问，我们所说的名义股东究竟以哪个载体上的记载为准？

1. 公司章程

形式上的公司章程是指关于公司组织和公司行为的基本规则的书面文件，实质意义的公司章程则是指对公司及其成员具有拘束力的关于公司组织和行为的自治性规则。[①]《公司法》第十一条规定，设立公司必须依法制定公司章程。第二十五条规定有限责任公司章程应当记载的事项包括股东的姓名或者名称、出资方式、出资额和出资时间等。

2. 股东名册

股东名册是指公司依照法律要求设置的记载股东及其所持股份的簿册。[②]我国《公司法》第三十二条规定，有限责任公司应当置备股东名册，记载下列事项：（1）股东的姓名或者名称及住所；（2）股东的出资额；（3）出资证明书编号。记载于股东名册的股东，可以依股东名册主张行使股东权利。公司应当将股东的姓名或者名称向公司登记机关登记；登记事项发生变更的，应当办理变更登记。未经登记或者变更登记的，不得对抗第三人。

3. 工商登记

《公司法》第二十九条规定，股东认足公司章程规定的出资后，由全体股东指定的代表或者共同委托的代理人向公司登记机关报送公司登记申请

① 施天涛：《公司法论》（第三版），法律出版社 2014 年版，第 124 页。

② 施天涛：《公司法论》（第三版），法律出版社 2014 年版，第 248 页。

书、公司章程等文件，申请设立登记。实践中的公司登记机关通常是指工商行政管理部门。

从《公司法》第三十二条的规定来看，股东名册具有推定效力。也就是说，股东仅凭该种记载就可以主张自己是股东，并以此为依据行使股东权利，没有义务证明自己是否在实质上具备股东资格。但是，股东名册只是一种证权文件，因此只要异议者能够成功地证明股东名册上记载的股东不能享有实体权利，其股东资格就会被否认。[①] 然而，由于实践中公司股东名册的建制并不完善，法院在推定股东身份时通常结合公司章程、工商登记记载的股东信息加以判断。

（二）实际出资人取得股东资格的情形

通过前文案例以及理论梳理，可以发现：名义股东具有公司股东资格，实际出资人则不是公司的股东。因此，通常情况下实际出资人请求法院确认其股东资格，要求公司变更工商登记的请求，法院会予以驳回。但这一结论其实是有前提条件的，即公司的股东不知晓当事人之间的隐名出资约定。若公司的其他股东知晓隐名出资的事实，可能得出相反的结论。《全国法院民商事审判工作会议纪要》第二十八条明确了实际出资人显名化成为公司股东的情形。

《全国法院民商事审判工作会议纪要》第二十八条规定："实际出资人能够提供证据证明有限责任公司过半数的其他股东知道其实际出资的事实，且对其实际行使股东权利未曾提出异议的，对实际出资人提出的登记为公司股东的请求，人民法院依法予以支持。公司以实际出资人的请求不符合公司法司法解释（三）第 24 条的规定为由抗辩的，人民法院不予支持。"

该条规定了实际出资人须同时证明：（1）半数以上其他股东知晓实际出资的事实；（2）半数以上其他股东未曾对其行使股东权利提出异议的事实。前者属于积极事实，后者属于消极事实。对于积极事实，实际出资人可以通

① 施天涛：《公司法论》（第三版），法律出版社 2014 年版，第 249 页。

过代持协议、决策文件、银行转账流水、函件、聊天记录等证据来证明；对于消极事实，实际出资人主动证明半数以上其他股东未曾对其行使股东权利提出异议，这个证明的难度较大，甚至基本上可以说是不可能证明，因此只要实际出资人证明自己行使股东权利的状态一直在持续，如仍正常地从公司分配利润、指派的人员仍在参与公司的经营管理、仍参与公司的重大决策，则可以推定半数以上其他股东对实际出资人行使股东权利不持异议。[①]

《全国法院民商事审判工作会议纪要》第二十八条和《公司法司法解释（三）》第二十四条得出两种不同的认定结论，二者是否有冲突呢？其实不然，前者的规定是对后者规定的补充，两个条文的适用都有其前提条件。实际出资人要想显名化成为公司股东，必须提供半数以上其他股东知晓且未曾提出过异议的证据，不能仅仅以存在隐名出资约定为由请求法院确认其股东资格。

普法提示

实践中，当事人选择隐名出资的原因可能是规避法律的禁止性规定，也可能是出于其他原因，如不愿意公开自身的经济状况。名义股东和实际出资人之间可能是亲属关系、朋友关系。法律上虽然不禁止当事人之间的隐名出资安排，但是这种股权代持的安排具有一定的风险。当事人在进行隐名出资时一定要谨慎考虑以下风险，作出理性选择。此外，公司要完善公司章程、股东名册以及工商登记中有关股东信息的记载。

（一）名义股东的风险及防范

对名义股东而言，隐名出资的风险体现在虽然其主观上认为自己是代别人持有股权，自己不是公司的股东，但是工商登记记载的股东名称具有一定的公示性，一般认为名义股东就是公司的股东。因此，在出资不实或者未履

---

① 参见最高人民法院民事审判第二庭编著：《〈全国法院民商事审判工作会议纪要〉理解与适用》，人民法院出版社 2019 年版，第 230 页。

行出资义务时，公司有权向名义股东请求履行出资义务，名义股东不得以隐名出资约定为由拒绝履行。

考虑到以上风险，个人或公司不要随意为他人代持股权、担任名义股东，否则需要承担作为公司股东的相应义务。

（二）实际出资人的风险及防范

对实际出资人而言，隐名出资的风险体现在当他想要显名化成为公司的股东时，可能会得不到支持。实际出资人显名化需要一定的条件，也需要实际出资人提供证据来证明。实际出资人不具备股东资格时，无法行使股东权利。例如，实际出资人无法行使股东的知情权，无法请求查询公司账簿，也无法作为股东参与公司的经营决策，当然也无权请求公司分红。

考虑到以上风险，投资者在今后进行投资时要避免成为隐名投资人。如果已经作出股权代持的安排，实际出资人要注意留存相关证据，包括能够证明实际出资行为的转账记录，能够证明代持关系的代持合同，能够证明公司股东对代持行为明知且不持异议的相关协议及实际参与公司经营管理、利润分配等方面的证据。

（三）公司管理要完善股东记载

对公司而言，要加强对公司章程、股东名册以及工商登记相关信息的更新，置备完善的股东名册，股权发生变动后，应及时更新股东信息，以免出现名不副实的情况，减少争议的发生。在股东知晓隐名出资情况时，公司可以了解相关情况，依据合法程序将记载的股东变更为实际出资人，将风险化解在纠纷发生前。此外，公司在进行股权分红时要认准股东，一般仍以股东名册、工商登记的股东为准。

第二章

股东的出资义务

案例一

债权人能否要求未届满的股东出资加速到期？

——解析《全国法院民商事审判工作会议纪要》第六条关于出资加速到期的规定

杜岩[①] 张笑文[②]

案情回顾

（一）虽胜尤败，被告无力清偿债务

侯义因为一笔投资款，与海藻公司发生纠纷，将海藻公司告上了法庭，海藻公司被判向侯义返还投资款 30 万元。

然而，胜诉的喜悦并没有维持多久。因海藻公司没有履行生效判决，侯义向法院申请了强制执行。在执行过程中，法院依法对被执行人海藻公司的财产进行了查证，经向银行、国土、工商、证券、车管等相关部门调查，未发现海藻公司有可供执行的财产，因而裁定终结本次执行程序。侯义虽然赢了官司，但一分钱也没有拿到，他十分不甘心，想继续通过法律手段维护自己的权利。

（二）重燃希望，注册资本并未实缴

侯义了解到，海藻公司现有股东黄豪、文浩、冯静三人，注册资本总额为 1000 万元。其中黄豪占股 45%，对应认缴的出资额为 450 万元；文浩占股 35%，对应认缴的出资额为 350 万元；冯静占股 20%，对应认缴的出资额为 200 万元。公司章程规定，股东认缴出资额于 2026 年 6 月 7 日前全部缴付到位。侯义还发现，海藻公司的注册资本虽然高达 1000 万元，但是股东

---

① 杜岩，北京市第二中级人民法院民四庭庭长。

② 张笑文，北京市第二中级人民法院民四庭法官助理。

并未实际缴纳任何出资。

侯义重新燃起了希望，他想要通过让未履行出资义务的股东承担责任的方式，使自己的权利获得救济。

（三）峰回路转，股东出资加速到期

侯义先是在执行案件中请求追加黄豪为被执行人，但法院作出执行裁定，驳回了侯义的申请。侯义又以黄豪为被告，海藻公司为第三人，向法院提起申请执行人执行异议之诉，请求追加黄豪为被执行人，要求黄豪在尚未依法出资的450万元范围内，对海藻公司所负侯义的债务，承担补充赔偿责任。侯义提出的理由是：黄豪作为海藻公司股东，未履行出资义务，在公司无财产可供执行的情形下，应对公司债务承担补充赔偿责任。

一审法院审理后，判决驳回侯义的诉讼请求，认为：海藻公司章程规定股东认缴的注册资本应于2026年6月7日前缴付到位，黄豪应缴纳注册资本的期限尚未届满，故对侯义要求追加黄豪作为被执行人的诉讼请求不予支持。

侯义不服一审判决，提起了上诉。二审法院经审理最终进行了改判，支持了侯义的诉讼请求，认为：根据《最高人民法院关于民事执行中变更、追加当事人若干问题的规定》第十七条[①]规定，作为被执行人的企业法人，财产不足以清偿生效法律文书确定的债务，申请执行人申请变更、追加未缴纳或未足额缴纳出资的股东、出资人或依公司法规定对该出资承担连带责任的发起人为被执行人，在尚未缴纳出资的范围内依法承担责任的，人民法院应予支持。依据海藻公司章程，股东认缴的注册资本应于2026年6月7日前缴付到位。本案的焦点问题是海藻公司股东出资能否加速到期。本案中，海藻公司作为被执行人的执行案件，人民法院穷尽执行措施无财产可供执行，已具备破产原因，但不申请破产，符合股东出资加速到期的特殊

---

① 《最高人民法院关于民事执行中变更、追加当事人若干问题的规定》（2020年修正）第十七条规定："作为被执行人的营利法人，财产不足以清偿生效法律文书确定的债务，申请执行人申请变更、追加未缴纳或未足额缴纳出资的股东、出资人或依公司法规定对该出资承担连带责任的发起人为被执行人，在尚未缴纳出资的范围内依法承担责任的，人民法院应予支持。"

情形。因此，黄豪应在未出资的范围，对海藻公司不能清偿的债务，承担补充赔偿责任。

读完海藻公司的案例，大家可能会产生疑惑：为什么本案一、二审法官的意见会出现这么大的分歧？债权人到底能否要求未届满的股东出资加速到期？如果股东出资可以加速到期，那么，又需要满足什么条件？对于这几个问题，我们将在下文深入探讨。

法理分析

（一）法律空白——非破产或解散情形下的出资加速到期

我国 1993 年《公司法》对公司资本制度采取了严格的法定制，要求注册资本一次性足额实缴。2005 年《公司法》虽将一次性足额实缴改为可分期缴纳，但对首期出资及分期缴纳期限仍设定了限制。2013 年《公司法》进行了深度改革，在出资缴纳方面，由实缴制改为认缴制①，股东或者发起人根据公司章程确定的出资总额或者股本总额自行认缴或者认购各自的出资或者股份，对于其认缴的出资或者认购的股份的缴纳，只需要按照公司章程的规定缴纳即可②。

认缴制为股东在出资安排上，开放了极大的空间，提高了资金使用效率，活跃了市场投资，但也带来了新的问题。有的股东利用这一制度，虽然认缴了高额出资，但给出资设置了较长的期限，以至于公司资本一直不能得到充实，甚至出现了“百年出资期限”这类令人啼笑皆非的怪现象。

关于认缴制背景下的出资加速到期，我国现行法律规范中仅《企业破产

---

① 《公司法》第二十六条、第二十八条、第八十条、第八十三条。需要注意的是，认缴制仅适用于有限责任公司以及发起设立的股份有限公司，募集设立的股份有限公司以及法律、行政法规或者国务院决定实行实缴制的特殊公司（如商业银行、证券公司），仍实行出资实缴制。

② 施天涛：《公司法论》，法律出版社 2018 年版，第 179 页。

法》第三十五条[①]与《最高人民法院关于适用〈中华人民共和国公司法〉若干问题的规定（二）》（以下简称《公司法司法解释（二）》）第二十二条[②]有所涉及，它们分别针对公司破产和解散两种情形下的出资加速到期问题进行了规定[③]。然而，实践中出现更多的非破产或解散情形下的出资加速到期，即海藻公司案件的焦点问题，则处于法律空白状态。因为缺乏直接、明确的规定，这一问题一直以来在理论界与实务界都存在巨大争议。

（二）针锋相对——股东期限利益与债权人保护

有一部分法律学者和实务工作者反对在非破产或解散情形下实现出资加速到期，他们的理由主要有：（1）应严格遵守现行法律，注册资本认缴制由《公司法》明确规定，股东依法享有期限利益，允许在非破产或解散情形下实现出资加速到期，是对认缴制的突破，加重了股东的责任，因此，在无明确规定的情况下，司法应持有审慎态度，不应作过多扩大解释。（2）依据相关规定[④]，公司应将股东认缴和实缴的出资额、出资时间等信息向社会公示，债权人在交易决策前有途径获取上述信息，因此，债权人应当自担风险，受股东出资期限的约束。（3）允许股东出资提前到期，股东在未出资范围内直接向个别债权人承担责任，无法平等保护全体债权人的利益，且个别债权人

---

① 《企业破产法》第三十五条：人民法院受理破产申请后，债务人的出资人尚未完全履行出资义务的，管理人应当要求该出资人缴纳所认缴的出资，而不受出资期限的限制。

② 《公司法司法解释（二）》第二十二条：公司解散时，股东尚未缴纳的出资均应作为清算财产。股东尚未缴纳的出资，包括到期应缴未缴的出资，以及依照公司法第二十六条和第八十条的规定分期缴纳尚未届满缴纳期限的出资。公司财产不足以清偿债务时，债权人主张未缴出资股东，以及公司设立时的其他股东或者发起人在未缴出资范围内对公司债务承担连带清偿责任的，人民法院应依法予以支持。

③ 这两则条文的法理在于，虽然按照公司章程，股东出资期限尚未届满，但出资期限不能超过公司的存续期限，公司破产或者解散强制清算后或将终止存在，不可能再按照原定期限要求股东履行出资，否则，未出资股东将逃避出资义务，进而损害债权人和其他股东的正当利益。

④ 《企业信息公示暂行条例》第八条至第十条。

在以诉讼来直接认定加速到期外，并非没有其他救济途径，如可以通过破产程序实现加速到期。

还有一部分法律学者和实务工作者，认为应该允许非破产或解散情形下的出资加速到期，他们的理由主要有：（1）合同自由有其边界，股东出资期限并非完全自治事项，如过长的出资期限已经影响了公司正常经营（包括清偿到期债务），应当允许出资加速到期。（2）基于合同相对性原理，内部约定不能对抗外部第三人，较长的出资期限是股东、公司之间的优惠出资安排，而非债权人给予股东的宽限[①]。（3）成本更低、效果更好。对债权人来说，通过出资加速到期相较于通过公司破产获得救济，在时间、人力、金钱上都将节约大量成本。对公司来说，允许出资加速到期可使其进入破产程序的风险减小。此外，相比于债权人和法院，股东更清楚公司隐匿财产的情况，股东如承受出资加速到期的压力，也可能促使其努力推动公司债务尽快清偿。

（三）一锤定音——明确"一般原则"与例外

为对民商事审判领域素有争议的问题，统一裁判思路，最高人民法院于2019年7月召开了全国法院民商事审判工作会议，并于同年11月发布了《全国法院民商事审判工作会议纪要》，其中就为非破产或解散情形下的出资加速到期问题提供了权威答案。

根据《全国法院民商事审判工作会议纪要》第六条的规定，在注册资本认缴制下，股东依法享有期限利益。债权人以公司不能清偿到期债务为由，请求未届出资期限的股东在未出资范围内对公司不能清偿的债务承担补充赔偿责任的，人民法院不予支持。但是，下列情形除外：（1）公司作为被执行人的案件，人民法院穷尽执行措施无财产可供执行，已具备破产原因，但不申请破产的；（2）在公司债务产生后，公司股东（大）会决议或以其他方式延长股东出资期限的。

---

① 李建伟：《认购制下股东出资责任加速到期研究》，载《人民司法》2015年第9期。

从上述条文可以看出，最高人民法院对非破产或解散情形下的出资加速到期持有慎重态度[①]，认为在注册资本认缴制下，股东依法享有期限利益，并以此作为“一般原则”，但也规定了允许出资加速到期的两种例外情形。可以说是，在关上全面出资加速到期的大门的同时，开启了两扇小窗，兼顾了股东期限利益与债权人保护。

在理解上述条文时，还有两点需要注意。首先，在责任形式上，上述出资加速到期的股东责任与公司人格否认中的股东责任不同。股东有限责任是公司法的基本原则，股东作为投资者只在其投资限度内对公司承担出资责任，在公司人格否认中，滥用公司法人独立地位和股东有限责任的股东对公司债务承担连带责任，是对股东有限责任的突破。而在上述出资加速到期中，股东是对公司不能清偿的债务承担补充赔偿责任，且以未出资的范围为限，相反，正是股东有限责任的体现。其次，在利益归属上，上述出资加速到期与破产情形下的出资加速到期亦有所不同，此时，债权人主张出资加速到期，所获利益直接归属于债权人个人，而破产情形下的出资加速到期，所获利益归属于债务人。

（四）本案情形——符合加速到期条件

海藻公司案件涉及《全国法院民商事审判工作会议纪要》第六条规定的第一种例外情形，即“公司作为被执行人的案件，人民法院穷尽执行措施无财产可供执行，已具备破产原因，但不申请破产”。下面我们就在理解该条文的基础上，对案件进行分析。

对于为什么将第一种情形作为出资加速到期的例外，最高人民法院进行了解释：在有生效判决，经公司债权人申请执行的情况下，如果穷尽执行措施公司还无财产可供执行，已具备破产原因，但不申请破产的，其结果与《企

① 最高人民法院对非破产或解散情形下的出资加速到期持有的这种慎重态度是一贯的，参见 2015 年 12 月时任最高人民法院民事审判第二庭庭长杨临萍在《关于当前商事审判工作中的若干具体问题》的讲话，以及贺小荣主编：《最高人民法院民事审判第二庭法官会议纪要——追寻裁判背后的法理》，人民法院出版社 2018 年版，第 141-142 页。

业破产法》第二条[①]规定的公司“资产不足以清偿全部债务”或者“明显缺乏清偿能力”完全相同，故这种情形下比照《企业破产法》第三十五条的规定，股东未届期限的认缴出资加速到期。[②]

按照最高人民法院的解释，正常存续的公司之所以可以比照破产情形下的公司实现出资加速到期，是因为该公司在实质上“已具备破产原因”，仅仅是未进入破产程序，因此，“已具备破产原因”是该项例外情形的核心要素。

那么，我们应如何认定公司“已具备破产原因”呢？通过《企业破产法》第二条第一款可以知道，仅仅是公司“不能清偿到期债务”，尚不足以认定公司“已具备破产原因”，还需要满足下列条件之一：（1）资产不足以清偿全部债务；（2）明显缺乏清偿能力。

我们又该如何判断公司是否“资产不足以清偿全部债务”或者“明显缺乏清偿能力”呢？

《最高人民法院关于适用〈中华人民共和国企业破产法〉若干问题的规定（一）》（以下简称《破产法司法解释（一）》）第三条提供了判断公司是否“资产不足以清偿全部债务”的标准。依据该规定，债务人的资产负债表，或者审计报告、资产评估报告等显示其全部资产不足以偿付全部负债的，人民法院应当认定债务人资产不足以清偿全部债务，但有相反证据足以证明债务人资产能够偿付全部负债的除外。可见，在认定“资产不足以清偿全部债务”时，应坚持实质性标准，即使存在某一项证据显示公司资产不足以偿付全部负债，如果存在相反证据推翻这一推定，也不能认定公司资不抵债。

《破产法司法解释（一）》第四条提供了判断公司是否“明显缺乏清偿能力”的标准。依据该规定，债务人账面资产虽大于负债，但存在下列情形之一的，人民法院应当认定其明显缺乏清偿能力：（1）因资金严重不足或者财

---

① 《企业破产法》第二条：企业法人不能清偿到期债务，并且资产不足以清偿全部债务或者明显缺乏清偿能力的，依照本法规定清理债务。企业法人有前款规定情形，或者有明显丧失清偿能力可能的，可以依照本法规定进行重整。

② 最高人民法院民事审判第二庭编著：《〈全国法院民商事审判工作会议纪要〉理解与适用》，人民法院出版社2019年版，第124页。

产不能变现等原因，无法清偿债务；（2）法定代表人下落不明且无其他人员负责管理财产，无法清偿债务；（3）经人民法院强制执行，无法清偿债务；（4）长期亏损且经营扭亏困难，无法清偿债务；（5）导致债务人丧失清偿能力的其他情形。这一条款仍然体现了实质性标准，虽然公司账目显示资产大于负债，但不能证明公司拥有足够的偿债能力。如在第一种情形下，公司虽有资产但难以变现偿债；在第二种情形下，公司已无法运转，处于失控状态；第三种情形属于由法律程序对公司未能偿债予以确认；第四种情形是从公司的持续经营角度考察偿债能力，虽然此时公司账面显示资产大于负债，但资产在未来只会持续性地减少，且难以扭转这一趋势。最后，司法解释还为所列举情形外的其他情况设定了兜底条款。

需要注意的是，证明公司“资产不足以清偿全部债务”要求的举证标准较高，而一般情况下，债权人很难全面了解公司的财务状况，因此，在债权人要求出资加速到期的案件中，更多的是通过公司“不能清偿到期债务”且“明显缺乏清偿能力”来认定公司“已具备破产原因”。

回到海藻公司案件中，侯义与海藻公司之间的债务已由法院作出生效判决并进入执行程序。在执行过程中，法院依法对被执行人海藻公司的财产进行了查证，经向银行、国土、工商、证券、车管等相关部门调查，未发现海藻公司有可供执行的财产，因而裁定终结本次执行程序。此种情况虽然不足以依据《破产法司法解释（一）》第三条规定，认定海藻公司“资产不足以清偿全部债务”，但可以依据《破产法司法解释（一）》第四条第三项规定，认定海藻公司“明显缺乏清偿能力”。海藻公司不能清偿到期债务，且明显缺乏偿债能力，可以认定为“已具备破产原因”。因此，海藻公司符合《全国法院民商事审判工作会议纪要》第六条规定的出资可以加速到期的例外情形，即经法院穷尽执行措施无财产可供执行，已具备破产原因，但不申请破产。股东黄豪应在未出资的范围内，对海藻公司不能清偿侯义的债务，承担补充赔偿责任。

知识拓展

《全国法院民商事审判工作会议纪要》第六条还规定了允许出资加速到期的第二种例外情形，即"在公司债务产生后，公司股东（大）会决议或以其他方式延长股东出资期限"。这一例外情形的理论基础是债权人的撤销权[①]，即公司股东会延长股东出资的行为，实质就是公司放弃即将到期的对股东的债权，损害公司债权人利益，公司债权人有权请求撤销。具体来说，《全国法院民商事审判工作会议纪要》规定，在公司债务产生后，公司股东会决议延长股东出资期限的，对该延长的出资期限，债权人可以申请撤销，请求股东按原来约定的出资期限履行出资义务。此处的"债务"既包括主动债务，如对外签订买卖合同、借款等民事活动产生的债务，也包括被动债务，如因产品责任产生的债务，因环境侵权产生的债务，还包括或然债务，如公司为他人担保产生的可能承担担保责任的债务。[②]

为方便大家理解，本文补充一则案例并进行讨论。

（一）恶意延期，股东规避出资义务

嘉嘉公司是一家成立于 2011 年 4 月 28 日的有限责任公司，股东有潘滨、张霞二人，公司注册资本总额为 300 万元，公司章程规定的股东认缴出资情况为：潘滨出资 180 万元，占注册资本的 60%，首次出资 60 万元，于 2011 年 4 月 19 日前缴足，其余 120 万元出资自公司成立之日起 24 个月内缴足；

---

① 参照《民法典》第五百三十八条至第五百四十条：债务人以放弃其债权、放弃债权担保、无偿转让财产等方式无偿处分财产权益，或者恶意延长其到期债权的履行期限，影响债权人的债权实现的，债权人可以请求人民法院撤销债务人的行为。债务人以明显不合理的低价转让财产、以明显不合理的高价受让他人财产或者为他人的债务提供担保，影响债权人的债权实现，债务人的相对人知道或者应当知道该情形的，债权人可以请求人民法院撤销债务人的行为。撤销权的行使范围以债权人的债权为限。债权人行使撤销权的必要费用，由债务人负担。

② 最高人民法院民事审判第二庭编著：《〈全国法院民商事审判工作会议纪要〉理解与适用》，人民法院出版社 2019 年版，第 125 页。

张霞出资120万元，占注册资本的40%，首次出资40万元，于2011年4月19日前缴足，其余80万元出资自公司成立之日起24个月内缴足。潘滨和张霞缴纳了首次出资100万元，但均未缴纳后续出资200万元。

许坚与嘉嘉公司存在租赁合同纠纷，他起诉了嘉嘉公司，法院于2013年4月9日受理了案件。一审法院经审理于2014年3月7日作出了对嘉嘉公司不利的一审判决。该案上诉后，二审法院于2015年4月24日亦判决嘉嘉公司败诉。

在一审判决作出之后，嘉嘉公司在2014年11月13日召开股东会，作出股东会决议：决定将股东缴纳出资期限变更为2041年4月18日前缴足。

因嘉嘉公司未履行生效判决，许坚向法院申请强制执行，执行标的有300多万元，但实际仅执行回来16万元，法院因未发现被执行人嘉嘉公司有可供执行的财产线索，裁定终结本次执行程序。

因此，许坚起诉要求潘滨、张霞在其未出资范围内对嘉嘉公司拖欠许坚的债务承担补充赔偿责任。

（二）加速到期，股东承担赔偿责任

一审法院审理后，判决驳回了许坚的诉讼请求，其理由是：即使潘滨、张霞的出资未缴足，公司章程中规定的认缴出资的缴纳期限也未到期，许坚要求潘滨、张霞承担责任的理由不充分。许坚不服一审判决，提起上诉。

二审法院认为，嘉嘉公司股东于2014年11月13日作出延长出资期限的股东会决议时，已经知悉嘉嘉公司拖欠许坚债务的事实，且许坚对嘉嘉公司股东应在2013年4月28日前完成剩余200万元的出资已产生高度确信和依赖，因此，潘滨、张霞仍应按原出资期限履行出资义务。因而撤销一审判决，改判支持许坚的诉讼请求。

在嘉嘉公司案件中，依据公司章程原定的出资期限，股东潘滨、张霞的出资期限早已届满，但其未履行出资义务。一审法院对嘉嘉公司作出不利判决，嘉嘉公司已知悉其拖欠许坚债务的事实，仍在诉讼期间召开股东会将股东出资期限延长28年，属于恶意延长。此外，许坚与嘉嘉公司之间的债务

产生时，嘉嘉公司的章程尚未修改，许坚对嘉嘉公司股东应按原期限完成剩余出资已产生信赖利益。因此，嘉嘉公司股东的出资应加速到期，股东应按原定期限履行出资义务。

最高人民法院还对上述问题专门表明了态度，认为：公司作为被告在人民法院参加诉讼，公司知道自己肯定败诉。这时，控制公司的股东或者实际控制人通过召开股东会，延长即将到期的股东的出资期限，以逃避公司不能履行债务时股东将被要求补足出资的责任。这种情况显然在法律上要给予否定评价。[①]

普法提示

我国对公司资本制度进行深化改革，进一步放开对公司资本的管制，是为了降低资本对投资设定的门槛，为公司提供更大的自治空间，促进资源优化配置，发展社会主义市场经济，而非让股东借此逃避出资义务，违背诚实信用，损害债权人正当利益。《全国法院民商事审判工作会议纪要》坚持维护认缴制下股东期限利益，同时，通过设置例外情形实现出资加速到期，保护债权人，正是这一精神的体现。

以法为鉴，可以晓规则，以案为鉴，可以明得失。作为从事商事行为的主体，公司、股东与债权人都应认真学习关于出资加速到期的法律规则，以匡正自身行为，维护自身权益。本文也就此提供如下建议，以供参考。

（一）理性评估，合理设计出资安排

设立公司时，股东应依据业务类型及规模，理性评估，设置合理的认缴出资额，避免出资额过高，难以缴足，否则，高出资额不但不能成为公司信誉的担保，还会为以后的出资加速到期责任留下隐患。同时，公司章程也不

① 最高人民法院民事审判第二庭编著：《〈全国法院民商事审判工作会议纪要〉理解与适用》，人民法院出版社 2019 年版，第 125 页。

应该设置畸长的出资期限，出资期限过长，公司资本难以得到充实，不利于公司的存续与发展。

（二）信守承诺，依法履行出资义务

公司资本是公司从事经营活动的必要物质保障，也是判断公司偿付能力的重要依据。公司章程中设定的出资期限，既是股东对公司和其他股东的承诺，也是公司和股东对社会公众的承诺。因此，首先，股东应严守出资承诺，出资期限届满，股东未履行或未完全履行出资义务的，将承担相应法律责任[①]；其次，股东应诚实守信，不能在债务产生后，将已届满或即将届满的出资期限恶意延长，这种行为不会得到法律支持，股东还应按原定出资期限承担责任；最后，股东如未按期缴纳出资，公司亦应积极催缴，以保证资本充足。

（三）全面考察，切勿迷信注册资本

许多债权人陷入债务难以清偿的境地，系因与公司交易时，过分迷信注册资本，认为注册资本高就意味着偿债能力强，结果判断失误。因此，作出交易决策前，不应仅分析注册资本，更应关注认缴期限与实缴资本。同时，还要全面综合考察公司的实际财产、经营绩效、财务结构、现金流量、发展前景等，慎重选择交易对象。

（四）知法善用，维护自身合法权益

债权人在与公司进行交易时，应善用保证、抵押等增信措施，保障债权实现，降低交易风险。在债务不能被清偿时，债权人应及时提起诉讼或仲裁，在请求获得支持后，如对方拒不履行生效法律文书确定的义务，还应尽早申

---

① 《公司法司法解释（三）》第十三条第二款：公司债权人请求未履行或者未全面履行出资义务的股东在未出资本息范围内对公司债务不能清偿的部分承担补充赔偿责任的，人民法院应予支持；未履行或者未全面履行出资义务的股东已经承担上述责任，其他债权人提出相同请求的，人民法院不予支持。

请强制执行，经执行程序仍无法清偿债务的，在符合《全国法院民商事审判工作会议纪要》规定的例外情形时，债权人可以要求未届满的股东出资加速到期，以法律为武器，捍卫自身合法权益。

案例二

未充分履行出资义务的股东，退股能否免除出资责任？

——解析《公司法司法解释（三）》第十八条“未履行或者未全面履行出资义务即转让股权”的股东出资责任

祝兴栋[1]　张　君[2]

案情回顾

作为一家科技型的企业，腾飞科技公司怎么也想不到在退出基地物流公司后，居然仍卷入了一场与基地物流公司有关的纠纷。

2019年5月，因为在以基地物流公司为被执行人的案件中无法得到清偿，基地物流公司的债权人蓝天公司将腾飞科技公司诉至法院，要求腾飞科技公司在其未依法出资的450万元本息范围内对基地物流公司债务不能清偿的部分260万元承担补充赔偿责任。接到起诉材料后，腾飞科技公司的法定代表人和法务负责人都觉得特别委屈。

原来在2016年11月7日，腾飞科技公司与半岛配送公司、基地投资公司一同设立了基地物流公司，基地物流公司的注册资金为1000万元，企业类型为有限责任公司。在设立基地物流公司之时，工商登记显示腾飞科技公司认缴出资450万元，出资方式分两期缴纳出资：第一期出资90万元，在基地物流公司取得营业执照后60个工作日内到位；第二期出资360万元，于2017年6月30日前缴付完毕。而实际上，因在设立公司时三方股东即商议，腾飞科技公司仅提供技术支持，不需要出资，所以腾飞公司并未实际缴纳认缴的出资450万元。不仅如此，因经营理念不合，且公司主要经

---

① 祝兴栋，北京市第二中级人民法院研究室副主任。

② 张君，北京市第二中级人民法院民四庭法官。

营事项未经过审批，在 2017 年 12 月，腾飞科技公司已把持有的基地物流公司 45% 的股权转让给了半岛配送公司，且没有收取股权转让款。腾飞科技公司和半岛配送公司还另行约定，股权于 2017 年 12 月 13 日正式转让，自转让之日起，腾飞科技公司对已转让的出资不再享有出资人的权利和承担出资人的义务。随后，2018 年 2 月完成了工商变更手续。基于前述情况，腾飞科技公司向一审法院提出了答辩，认为腾飞科技公司因为投资不利已经退出了基地物流公司的经营管理，并且在退出时已经约定不再享有出资人权利更不承担出资人义务，腾飞科技公司在出让股权后不能再享受基地物流公司的利益却还要承担责任，明显不公，因此请求一审法院驳回蓝天公司的诉讼请求。

一审法院经审理后认为，基地物流公司于 2016 年 11 月 7 日注册成立，为有限责任公司。根据公司章程的规定，基地物流公司的原股东腾飞科技公司认缴出资 450 万元，出资应于 2017 年 6 月 30 日前缴付完毕，但腾飞科技公司未按照认缴期限缴纳出资款，未依法出资的数额为 450 万元。其后，腾飞科技公司将其股权转让给半岛配送公司，属于未依法履行出资义务即转让股权，应当在未依法出资范围内承担责任。根据《公司法司法解释（三）》第十三条第二款、第十八条第一款、第二十条的规定，判决：腾飞科技公司在其未依法出资的 450 万元本息范围内对基地物流公司债务不能清偿的部分承担补充赔偿责任。一审判决作出后，腾飞科技公司持与答辩意见相同的意见上诉，二审法院经审理后，作出了驳回上诉、维持原判的终审判决。

不再做公司的股东，不再分享公司的经营利益，为什么还要就公司的债务承担责任呢？退股却不能免责，这是为什么呢？

法理分析

（一）股东对公司负有出资义务

《公司法》第三条第二款规定，有限责任公司的股东以其认缴的出资额为限对公司承担责任。有限责任制度为现代公司制度的基石，股东以其出资额为限承担公司的经营风险。[①] 对于出资方式，依据《公司法》第二十七条的规定，除法律、行政法规规定不得作为出资的财产外，股东可以用货币出资，也可以用实物、知识产权、土地使用权等可以用货币估价并可以依法转让的非货币财产作价出资。需要注意的是，对作为出资的非货币财产应当评估作价，核实财产，不得高估或者低估作价。对于出资义务的具体履行，《公司法》第二十八条规定，股东应当按期足额缴纳公司章程中规定的各自所认缴的出资额。此为公司的资本充实原则。在以不同方式出资时，也有具体的要求，比如股东以货币出资的，应当将货币出资足额存入有限责任公司在银行开设的账户；以非货币财产出资的，应当依法办理其财产权的转移手续。对于不能按照前述要求足额缴纳出资的股东，除应当向公司足额缴纳外，还应当向已按期足额缴纳出资的股东承担违约责任。

在认缴制度的背景下，股东在认缴足公司章程规定的出资后，即可一同向公司登记机关申请设立登记。但是，认缴足出资并不意味着已足额缴纳出资。在公司成立后，股东仍然须按照公司章程规定的出资期限按期足额缴纳出资，如果不能，则公司可以要求股东足额缴纳。此外，在公司设立之后，如发现作为设立公司出资的非货币财产的实际价额显著低于公司章程所定价额，应当由交付该出资的股东向公司补足其差额，公司设立时的其他股东对此应承担连带责任。

（二）未履行或者未全面履行出资义务的股东在未出资本息范围内对公司债务不能清偿的部分承担补充赔偿责任

如前所述，股东对公司负有按期足额缴纳出资的义务。在股东不能足额或者没有缴纳出资额的情况下，会导致公司资本不实不足，公司资本存在

① 为避免股东滥用公司法人独立地位和股东有限责任损害公司债权人的利益，在特定情况下，存在刺破公司面纱的情况，即股东应对公司的债务承担连带责任。如《公司法》第二十条第三款规定，公司股东滥用公司法人独立地位和股东有限责任，逃避债务，严重损害公司债权人利益的，应当对公司债务承担连带责任。对于该情形，本书的其他章节有解析。

“空洞”。这种“空洞”客观上削弱了公司的偿债能力，造成或者进一步促成债权人的债权无法得到清偿的后果发生。因此，对于未履行或者未全面履行出资义务的股东，债权人亦可向其主张相应权益。《公司法司法解释（三）》第十三条第二款对此作出规定：“公司债权人请求未履行或者未全面履行出资义务的股东在未出资本息范围内对公司债务不能清偿的部分承担补充赔偿责任的，人民法院应予支持；未履行或者未全面履行出资义务的股东已经承担上述责任，其他债权人提出相同请求的，人民法院不予支持。”

需要关注的是该条规定界定了股东对债权人承担的责任具有三个特性：第一个是“在未出资本息范围内”，即“责任有限”；第二个为“未履行或者未全面履行出资义务的股东已经承担上述责任，其他债权人提出相同请求的，人民法院不予支持”，即“一次性责任”，也就是股东已经赔偿的总金额达到未出资本息的金额时，其他债权人不得再以相同事由向该股东提出赔偿请求；第三个是“对公司债务不能清偿的部分承担补充赔偿责任”，即“补充责任”，也就是未充分履行出资义务的股东只在公司不能清偿债务时，就公司债务不能清偿的部分向公司债权人承担赔偿责任。综合前述三个特性，可以看出，未履行或者未全面履行出资义务的股东对债权人所承担的赔偿责任，并没有超出股东出资义务的范围，是符合有限责任制度的。

（三）出让股权并不能免除原股东的出资义务

基于前述，我们发现，要求未履行或者未全面履行出资义务的股东向债权人承担责任的根本原因为股东未向公司充分履行出资义务，公司资本不充实。公司资本不充实又造成公司清偿能力下降，最终损害债权人权益。关于债权人的请求权基础，主要有两个理论，第一个是债权人代位权理论，简单来说就是股东未充分履行对公司的出资义务，股东成为公司债务人，而公司的债权人在公司不能清偿到期债务的情况下，可以直接要求公司的债务人，即股东履行已到期的缴纳出资义务，所获清偿归属于债权人；第二个是侵害债权人理论，即因为股东的未充分履行出资义务（出资义务也是股东的法定义务），导致债权人的部分或全部债权无法实现，应当承担侵权损害赔偿责任。我们认为，从《公司法司法解释（三）》第十三条的表述来看，更偏向于认为未充分履行出资义务的股东所承担的为侵权责任。但是，不论是基于哪一种理论，是否承担责任的关键点在于是否已充分履行对公司的出资义务，而不问是否现为或者曾为股东。所以，《公司法司法解释（三）》第十八条第一款规定："有限责任公司的股东未履行或者未全面履行出资义务即转让股权，受让人对此知道或者应当知道，公司请求该股东履行出资义务、受让人对此承担连带责任的，人民法院应予支持；公司债权人依照本规定第十三条第二款向该股东提起诉讼，同时请求前述受让人对此承担连带责任的，人民法院应予支持。"依据前述规定，在公司设立或者增资时通过认缴出资或认购新股而取得股权的股东，如果存在未能充实出资的情况，即便已出让了股权，仍需就公司债务不能清偿的部分承担补充赔偿责任。出让股权，仍不能免除出资责任。

知识拓展

《公司法司法解释（三）》第十八条共有两款规定，第一款的规定在前文有述，在该条款中，包括两层含义：（1）未履行或者未全面履行出资义务即转让股权的原股东对公司仍负有出资义务，对公司债权人债权不能受偿部分负有补充赔偿责任，此部分在前文中已有论述。（2）受让人，即现股东如知道或者应当知道出让人未出资或者未全面履行出资义务即转让股权，则需要对出让人应负的出资责任承担连带责任。从条款的语义上看，该条款的核心内容应为前述的第二层含义。同时，《公司法司法解释（三）》第十八条第二款规定："受让人根据前款规定承担责任后，向该未履行或者未全面履行出资义务的股东追偿的，人民法院应予支持。但是，当事人另有约定的除外。"该条款又进一步回应了，受让人在承担连带责任后如何追责，以及出让人与受让人之间另有约定如何处理的问题。基于对法条的解析，我们拓展出以下两部分内容：

（一）如受让人知道或者应当知道出让人未出资或者未全面履行出资义务即转让股权，则对出让人应负的出资责任承担连带责任

依据《公司法司法解释（三）》第十八条第一款的规定，受让人在受让股权时，如对股权存在出资瑕疵的情况"知道或者应当知道"，则应就出资的补足与出让人一同承担连带责任。受让人承担前述连带责任，是以受让人对公司资本不足同样存在故意或者放任的主观意志为前提，旨在规避受让人与出让人恶意串通最终导致公司资本不足。在具体认定方面，以"知道或者应当知道"股东未出资或者未全面履行出资义务即转让股权为认定标准。"知道"所表述的为一种实然的状态，比如在股权转让协议中直接载明股权为实际未出资的股权。在案例中，作为受让人的半岛配送公司与出让人腾飞科技公司同为基地物流公司设立之时的股东，并实际参与公司的经营管理，对腾飞科技公司未缴纳出资的情况属于"知道"。因此，即便蓝天公司并未诉请半岛配送公司承担连带责任，在理论上半岛配送公司也应就腾飞科技公司的出资责任承担连带责任。

在大多情况下，并不存在前述这种明显的"知道"，而是更具有隐蔽性，以"应当知道"的方式存在。比如，出让人以明显不合理的价格甚至是零对价出让股权，但没有合理解释；作为成熟商业主体的受让人在受让股权（特别是认缴出资额较大的股权）时，未做尽职调查，未审查标的公司的资产状况、股权的出资情况等。"应当知道"的含义在于应尽必要谨慎的审核义务而没有实际履行该义务，对公司资本不足的状态存放任心态。在具体认定时，需要结合受让人的认知水平、交易背景、交易流程等多方面因素来综合考量。

（二）受让人承担连带责任后可向未履行或者未全面履行出资义务的股东追偿，但当事人另有约定的除外，且该内部约定不可对抗外部债权人

再回到案例中，腾飞科技公司在向半岛配送公司出让股权时，双方约定"腾飞科技公司对已转让的出资不再享有出资人的权利和承担出资人的义

务”。但从判决结果上看，该约定并未能免除腾飞科技公司对公司债权人蓝天公司所承担的责任。这种未能免除的理由主要有两点：第一，腾飞科技公司对基地物流公司负有出资义务，不能以腾飞科技公司与受让人之间的约定而免除腾飞科技公司对公司的出资义务；第二，腾飞科技公司因其未能履行出资义务的行为，使得基地物流公司不能清偿蓝天公司的债权，损害了债权人的权益，腾飞科技公司作为侵权人应对权益受损人承担损害赔偿责任，不能因其与第三人约定而免除。概言之，出资义务既来源于公司章程的规定，亦为股东的法定义务，不能因当事人之间的约定免除。特别是在涉及公司资本充足和债权人权益保护的领域，该问题应得到特别关注。依据《公司法司法解释（三）》第十八条第二款的规定，受让人就未履行或者未全面履行出资义务的股东应负出资责任承担连带责任后，可以向未履行或者未全面履行出资义务的股东追偿，该规定本质强化了股东出资义务的法定性。

当然，该规定存有例外的情况，就是在处理未履行或者未全面履行出资义务的股东（如股权转让多手，包括但不限于出让人）与受让人之间权利义务时，遵从当事人之间的约定，即“当事人另有约定的除外”。在前述案例中，恰存在这种例外的约定，作为出让人的腾飞科技公司已经与受让人半岛配送公司约定腾飞科技公司不再承担出资人的义务，所以，在腾飞科技公司对外向债权人蓝天公司承担出资责任后，可以依据约定向受让人半岛配送公司追偿。

普法提示

（一）公司股东应充分履行出资义务，出资责任并不因股权出让而免除

按期足额缴纳出资，既是股东基于公司章程规定对公司及其他股东负有的约定义务，又是对公司资本充实及公司公示资本信息公信所负有的法定义务。对内，未能履行出资义务或者未全面履行出资义务的股东应向公司足

额缴纳出资并对足额缴纳出资的股东承担违约责任。公司与其他股东均可作为原告向未出资或者未全面出资的股东提起股东出资纠纷之诉。对外，如股东未能向公司足额缴纳出资，一旦出现公司不能清偿债务的情况，则应依据《公司法司法解释（三）》第十三条第二款的规定向债权人就公司不能清偿债务的部分以出资本息为限承担补充赔偿责任。这种责任并不因股权的变更而免除，如未出资或者未全额出资的股东出让股权，根据《公司法司法解释（三）》第十八条第一款的规定，仍应向公司履行出资义务，向债权人就公司债务不能清偿的部分承担补充赔偿责任。此外，股东对外所承担的这种出资责任并不能因为股东之间的内部约定而免除。因此，以出资方式成为公司股东时，应谨慎根据自身情况认缴出资，在认缴后按照公司章程的规定按期足额缴纳出资。如在实际履行过程中，股东的出资金额和方式发生变更，股东应及时提议召开股东会，就出资变更的情况形成股东会决议，进而修改公司章程并进行相应的工商变更登记。

（二）在受让有限责任公司股权时应充分关注股权实际出资情况，避免购买瑕疵股权

成为公司股东的方式有两种，一为原始取得，即公司设立时出资或公司增资时认缴出资；二是承继取得，比如通过股权转让方式受让取得股权。在以受让方式取得股权时，受让人应关注股权原始取得的基础，即是否通过充分履行出资义务的方式取得。特别在多手转让的交易流程中，更应追本溯源，充分了解出资情况。在调查出资情况时，不能唯审计报告论，要注意出资凭证、入资账户流水等原始凭证的查验，特别在以非货币财产出资的情况下，更应认真核实财产，如评估作价程序是否规范、相应财产是否已变更在标的公司名下。受让人充分调查出资情况，一方面，可以避免购买到瑕疵股权；另一方面，在标的公司或者债权人要求受让人承担连带责任时，可以受让人对股东未履行或者未全面履行出资义务即转让股权并不知情为由抗辩。此外，在签订股权转让协议时，应将出让人的充分出资义务及如实披露义务写在合同条款中，一旦出现出让人违约的情况，可依照合同约定通过撤销合同

或者解除合同的方法维护自身合法权益。最后，如果受让人基于经营等多方面因素考虑，在明知出让人未履行或者未全面履行出资义务即转让股权，仍受让股权，应在受让股权后及时向公司补足出资。

（三）债权人应在公司不能清偿债务时选择恰当路径及时行权

依据《公司法司法解释（三）》第十三条、第十八条的规定，债权人向股东主张赔偿责任的前提为“公司债务不能清偿”。一般认为，经强制执行程序公司的债务不能全部清偿，可认定“公司债务不能清偿”。这个前提条件就要求在向股东追责之前，需要证明“公司债务不能清偿”，即首先由债权人向公司追偿，在以公司为被执行人的案件中，若债权人无法实现全部债权，则可再向未履行或者未全面履行出资义务的股东追责。

在债权人与公司之间的诉讼完结，并通过执行程序无法清偿全部债务后，如何向未履行或者未全面履行出资义务的股东追责存有两个诉讼路径。其一，依据《公司法》及《公司法司法解释（三）》的前述规定，债权人以股东为被告另案提起诉讼；其二，《最高人民法院关于民事执行中变更、追加当事人若干问题的规定》第十九条规定：“作为被执行人的公司，财产不足以清偿生效法律文书确定的债务，其股东未依法履行出资义务即转让股权，申请执行人申请变更、追加该原股东或依公司法规定对该出资承担连带责任的发起人为被执行人，在未依法出资的范围内承担责任的，人民法院应予支持。”基于前述规定，债权人亦可在以公司为被执行人的执行程序中提起执行异议，要求追加未依法履行出资义务即转让股权的原股东为被执行人，在未依法出资的范围内承担责任。按照该路径，可以直接在以公司为被执行人的案件中直接追加股东为被执行人，在程序上更为高效。当然，不论路径如何，法理基础仍为此处所讨论的《公司法司法解释（三）》第十八条。

案例三

公司能否对瑕疵出资股东权利进行限制？

——解析《公司法司法解释（三）》第十六条限制股东权利的规定

潘伟[①] 洪靓[②]

案情回顾

（一）一份“限权”股东会决议引发纠纷

2015 年 5 月 6 日，远山公司成立，注册资本 100 万元。该公司共有四名股东，分别为马健，出资 43 万元，占公司注册资本 43%；刘乐，出资 30 万元，占公司注册资本 30%；张强，出资 18 万元，占公司注册资本 18%；李欣，出资 9 万元，占公司注册资本 9%。公司设立时由代办公司代办注册，后代办公司将注册资本转走，四名股东均未实际出资。马健担任公司的执行董事，亦是公司的法定代表人，李欣担任公司监事。

远山公司于 2017 年 7 月 20 日被吊销营业执照。

2018 年 4 月 11 日，远山公司通过邮寄及微信的方式向四名公司股东发送关于 2018 年 4 月 27 日召开股东会的《通知》,《通知》中明确了该次股东会的审议事项为“1. 远山公司的经营事宜；2. 远山公司规范股东权利、义务相关事宜”。该通知均有效送达四名股东。

2018 年 4 月 27 日，股东会如期召开，马健、张强、李欣均参加了股东会，刘乐未出席股东会。与会股东表决通过了三份股东会决议。其中，第一份股东会决议内容为：“1. 与会股东一致同意继续经营远山公司，由公司派专人负责尽快办理公司工商注册恢复经营及三证合一相关手续；2. 根据《公司法》及公司章程的有关规定，三分之二股东同意，此决议为有效决议。”第二份

① 潘伟，北京市第二中级人民法院民四庭法官。

② 洪靓，北京市第二中级人民法院民四庭法官助理。

股东会决议内容为："各位股东务必在接到公司交款通知之日起 15 日内前往银行足额缴纳认缴的注册资本金。"第三份股东会决议内容为："在股东刘乐未足额缴纳 30 万元注册资本金之前，暂停享有股东权利。"上述股东会决议作出后，远山公司于 2018 年 5 月 6 日向各股东发送了《关于缴纳注册资本的通知》，股东马健、张强、李欣分别于 2018 年 5 月 15 日、17 日、20 日向公司缴纳了注册资本。刘乐于 2018 年 5 月 8 日收到缴纳注册资本的通知，未在 15 日内按第二份股东会决议缴纳注册资本，其认为，股东会形成的第三份决议召集程序违法违规，且内容违反公司章程，遂诉至法院，请求撤销该份决议。

（二）审理焦点："限权"决议违"章"了吗？应被撤销吗？

刘乐诉求撤销远山公司于 2018 年 4 月 27 日作出的第三份股东会决议，理由如下：（1）《公司法》和公司章程中规定了股东会的职权，股东会职权中并没有"规范股东权利、义务事宜"的内容。股东会第三份决议的内容超越了股东会职权，且违反了公司章程的规定。（2）该份决议的召集程序违反了《公司法》和公司章程的规定，决议内容违反了公司章程的规定，应当依法被撤销。远山公司章程规定股东会应由执行董事召集，执行董事主持。但本次股东会却是由远山公司召集通知，并非执行董事召集。

远山公司辩称，股东会的召集程序符合《公司法》及公司章程的规定，决议内容也未超越股东会职权，未违反公司章程，根据《公司法司法解释（三）》第十六条的规定，股东会可以作出限制股东权利的决议，因此，股东会第三份决议不存在撤销事由。第三人马健、张强、李欣均同意远山公司的意见。

一审法院经审理认为，刘乐请求撤销股东会第三份决议的事由均不成立，判决驳回刘乐的诉讼请求。刘乐不服，提起上诉。

二审法院经审理认为：本案的争议焦点为刘乐请求撤销远山公司于 2018 年 4 月 27 日作出的第三份股东会决议有无事实及法律依据。首先，《公司法司法解释（三）》第十六条规定："股东未履行或者未全面履行出资义务或者抽逃出资，公司根据公司章程或者股东会决议对其利润分配请求权、新股优先认购权、剩余财产分配请求权等股东权利作出相应的合理限制，该股东请求认定该限制无效的，人民法院不予支持。”由此可知，股东会作为公司的权力机关，有权通过股东会决议对未全面履行出资义务或抽逃出资的股东进行股东权利限制。故股东会第三份决议中关于刘乐在未缴纳出资前暂停享有其股东权利的内容并未违反法律、行政法规或者远山公司章程的规定。其次，《最高人民法院关于适用〈中华人民共和国公司法〉若干问题的规定（四）》（以下简称《公司法司法解释（四）》）第四条[①]规定，“股东请求撤销股东会或者股东大会、董事会决议，符合公司法第二十二条第二款规定的，人民法院应当予以支持，但会议召集程序或者表决方式仅有轻微瑕疵，且对决议未产生实质影响的，人民法院不予支持”。据此，远山公司以该公司名义向刘乐发出召开股东会的《通知》，虽不符合公司章程关于股东会应由执行董事召集的规定，但股东会的表决程序和表决比例均符合法律规定，召集程序虽存在瑕疵，但该瑕疵并不能对股东会决议产生效力性影响。因此，刘乐上诉主张撤销决议的事由均不成立。二审法院判决驳回刘乐的上诉请求，维持一审判决。

在上述案例中，法院并未支持刘乐关于撤销股东会第三份决议的诉求，该决议的效力未因此受到影响，远山公司能够依据该协议，在刘乐未缴纳其认缴的注册资本之前对其股东权利进行限制。由此可以看出，公司是能够对股东进行权利限制的。那么，公司对股东进行权利限制需要具备哪些要件呢？

法理分析

（一）公司限制股东权利的要件

公司限制股东权利的法律依据是《公司法司法解释（三）》第十六条：“股

① 《公司法司法解释（四）》（2020 年修正）第四条规定：“股东请求撤销股东会或者股东大会、董事会决议，符合民法典第八十五条、公司法第二十二条第二款规定的，人民法院应当予以支持，但会议召集程序或者表决方式仅有轻微瑕疵，且对决议未产生实质影响的，人民法院不予支持。”

东未履行或者未全面履行出资义务或者抽逃出资，公司根据公司章程或者股东会决议对其利润分配请求权、新股优先认购权、剩余财产分配请求权等股东权利作出相应的合理限制，该股东请求认定该限制无效的，人民法院不予支持。”根据该条规定，公司限制股东权利，需要具备以下两个要件：

1. 股东瑕疵出资

股东出资，是股东基于其股东地位，为了达到创立公司的目的而对公司所承担的给付义务。所有违反该给付义务的行为，即可统称为瑕疵出资。股东瑕疵出资，是公司限制股东权利的前提要件，也是法律授权公司限制股东权利的原因。根据《公司法司法解释（三）》第十六条的规定，瑕疵出资有以下三种情形：一是未履行出资义务，是指未予履行任何出资义务的行为，实践中通常见到的有拒绝出资、虚假出资、出资不能等；二是未全面履行出资义务，通常是指履行了部分出资义务，但是出资仍未到位的行为；三是抽逃出资，是指将已经履行的全部或部分义务通过其他方式抽逃出公司的行为。对于前述第三种情形，《公司法司法解释（三）》第十二条进行了明确：“公司成立后，公司、股东或者公司债权人以相关股东的行为符合下列情形之一且损害公司权益为由，请求认定该股东抽逃出资的，人民法院应予支持：（一）制作虚假财务会计报表虚增利润进行分配；（二）通过虚构债权债务关系将其出资转出；（三）利用关联交易将出资转出；（四）其他未经法定程序将出资抽回的行为”。

2. 根据公司章程或者股东会决议作出

《公司法司法解释（三）》第十六条是公司限制股东权利的法律依据，但其中关于公司“对其利润分配请求权、新股优先认购权、剩余财产分配请求权等股东权利作出相应的合理限制”应当“根据公司章程或者股东会决议”的规定，一方面充分体现了尊重公司意思自治的原则；另一方面享有股东权利是股东取得股东身份的意义，如此规定也是对公司享有的限制股东权利的权利的严格限制，避免公司滥用该项权利，对股东的合法权利造成侵害。

从该规定可以看出两个层面的问题：其一，公司限制股东权利，只能从两种公司文本中找到合法的源头，一是公司章程，二是公司的股东会决议。

如果公司章程中没有关于如果股东瑕疵出资，公司有权限制股东权利的相关规定，公司也未就该事项形成过股东会决议，公司就无权对股东权利进行限制。其二，“根据公司章程或者股东会决议作出”隐含了一个有效的前提，即该公司章程或者股东会决议是成立且有效的。如果公司就限制股东权利有章程规定或者形成了股东会决议，那么形成该章程的程序应该合法或者形成该股东会决议的内容应符合章程规定及程序应该合法，否则，可能因为内容违规、程序违法的问题导致作出的关于公司限制股东权利的股东会决议或形成的章程被撤销，公司也会因此无权对股东权利进行限制。

（二）回归本案：远山公司就限制股东刘乐的权利形成的第三份股东会决议程序是否正当？

本案中，远山公司能否对刘乐的股东权利进行限制的争议焦点集中在公司限制股东权利的第二项要件的第二个层面上，即远山公司限制刘乐股东权利是否根据有效的股东会决议作出。刘乐主张远山公司限制其股东权利的股东会决议，因决议内容及股东会召集程序违反公司章程的规定，应予撤销。首先，对于刘乐关于远山公司章程中没有赋予股东会“规范股东权利、义务的事宜”职权，决议内容违反公司章程的主张，根据《公司法司法解释（三）》第十六条的规定可知，“限制股东权利”应属股东会的一项法定职权，只要满足股东瑕疵出资的前提，公司章程中对限权未作限制性规定，且股东会召开程序合法正当，则股东会有权形成限制股东权利的有效决议。其次，对于刘乐关于远山公司章程规定股东会应由执行董事召集，但本次股东会却由远山公司召集，违反公司章程的主张，根据《公司法司法解释（四）》第四条的规定属于程序轻微瑕疵，对决议未产生实质影响。因此，刘乐诉求撤销远山公司关于限制刘乐股东权利的决议的理由不成立，远山公司的该项股东会决议要件齐备，能够依此限制刘乐享有股东权利。

知识拓展

司法实践中，涉瑕疵出资股东权利限制问题的纠纷名目多样，各类纠纷中就该问题呈现的争议点也五花八门，为了更全面地认识、更深入地理解该问题，笔者选取司法审判中涉瑕疵出资股东权利限制的几种典型问题，延展说明涉瑕疵出资股东权利限制的相关问题。

（一）作出瑕疵出资股东权利限制的主体只能是公司吗？

1. 原则：由公司对瑕疵出资股东的权利进行限制

案例一：在刘燕与王冬的股东出资纠纷案中，刘燕、王冬均为山水公司股东，刘燕主张王冬未向山水公司全面履行出资义务，应对王冬相应权利进行限制，诉求之一是法院确认王东不享有股东权利。二审判决认为：根据《公司法》第三十四条、《公司法司法解释（三）》第十六条的规定精神，对瑕疵出资股东的权利进行限制是必要和合理的，因此，出资不实的股东的利润分配请求权、优先认购出资权及剩余财产分配请求权等股东权利在其未足额补缴出资时，应受到合理限制。故王冬的上述权利在其补缴出资前均应受到限制。但根据公司意思自治原则，应由公司根据公司章程或股东会决议对股东的上述权利作出相应限制，人民法院无权就股东权利作出限制决定。最终，对刘燕的该项诉讼请求未予支持。

案例二：在常信公司与珍友公司的股东出资纠纷案中，常信公司与珍友公司均为三鑫公司股东，常信公司认为珍友公司未向三鑫公司履行出资义务，诉求法院确认珍友公司不享有股东权利。二审判决认为：根据《公司法》第三十四条、《公司法司法解释（三）》第十六条的规定，股东存在上述情形的，应由公司对其上述股东权利作出合理限制。如常信公司认为珍友公司未全面履行出资义务，应由三鑫公司根据公司章程或通过股东会决议决定是否限制珍友公司的分红权。常信公司请求法院判决珍友公司不享有三鑫公司股东分红权，缺乏法律依据，不予支持。

通过前述两个案例可以看出，法院对瑕疵出资股东权利限制的作出主体，严格依照《公司法司法解释（三）》第十六条的规定，尊重公司自治原则，认定应由公司通过章程或股东会决议作出。

2. 例外：由公司或其他股东请求法院限制瑕疵出资股东权利

目前，法律只在一种情形下对此作出了规定，即《公司法司法解释（三）》第十条：出资人以房屋、土地使用权或者需要办理权属登记的知识产权等财产出资，已经办理权属变更手续但未交付给公司使用，公司或者其他股东主张其向公司交付，并在实际交付之前不享有相应股东权利的，人民法院应予支持。但该规定仅适用于被限制权利的股东需要办理权属变更登记手续的财产出资且出资瑕疵的情形，非该情形，出资股东无权直接诉请限制出资瑕疵股东的权利。通过该规定可以看出，对瑕疵出资股东权利作出限制的主体并非只有公司，存在例外，即当股东以需要办理权属变更登记手续的财产出资且出资瑕疵的，公司或股东可以请求法院限制享有股东权利。

（二）限制瑕疵出资股东权利有无边界？

由于《公司法司法解释（三）》第十六条“对其利润分配请求权、新股优先认购权、剩余财产分配请求权等股东权利作出相应的合理限制”的规定采取列举 + 兜底式，导致目前司法实践中对股东权利限制的范围的理解和认定存在较大的争议，我们通过以下几个典型案例可窥探一二。

案例一：在吕琦与北德公司之间公司证照返回纠纷案中，涉及争议焦点之一是吕琦是否有权召集北德公司股东会并形成限制瑕疵出资股东王波表决权的会议决议。生效判决认为：股东的表决权是股东的法定权利，没有法定的合法依据，公司不得限制股东的表决权。《公司法司法解释（三）》第十六条限制的只是股东的自益权，是合理的限制。但是，股东的表决权属于公益权，是股东参与公司管理的重要权利，非经法定条件，不得予以限制。因此，吕琦无权通过召开股东会议并作出决议的形式限制王波的股东表决权。

案例二：在胡晓与欧亚公司公司决议纠纷案中，同样涉及能否通过股东会决议限制瑕疵出资股东的表决权的问题。生效判决认为：股东出资属于实缴或者认缴期限届满的情况下，股东未出资、未全面出资或者抽逃出资，其相应的股东权利应当受限，包括其在股东会上的表决权。

案例三：在林达与中松公司公司决议撤销纠纷案中，公司通过了涉及“若股东林达未在本股东会决议通过之日起十日内支付全部出资，则其持有的中松股权及其他权利将受到以下限制：1. 不得行使股东权利及投票权；2. 不得主张资产收益、财产分配、审阅中松公司财务资料”内容的决议。一审判决认为：从《公司法司法解释（三）》第十六条可以看出，公司股东会有权在股东未履行出资义务的情况下对股东权利作出合理限制，林达对其未出资的事实未作出否定的意思表示，故股东会决议中对股东出资情况的确认以及股东权利限制的决议未违反法律规定。

通过上述案例不难看出，司法实践中，裁判者对《公司法司法解释（三）》第十六条中关于限制瑕疵出资股东权利的范围问题的理解存在差异，这一问题如需“根治”，唯有从法律层面对限制权利的边界予以明确。在法律对该问题完善之前，公司对该问题应该秉持谨慎的态度，在形成限制瑕疵出资股东权利的章程或作出相关的股东会决议的时候，应尽可能将所限权利种类予以明确。

普法提示

股东出资，是股东取得股东资格所应履行的基础义务，也是实现公司长足、顺利发展的基本保障。为此，法律规定通过限制出资瑕疵的股东的权利，督促股东依法依约履行出资义务，同时，也通过严格的程序避免公司对股东权利限制的滥用。因此，无论是公司还是股东，正确理解《公司法司法解释（三）》第十六条，并严格依法行为，都是必要且有益的。

（一）股东：诚信履行出资义务，依法维护正当权利

1. 出资零瑕疵，权利有保障

对股东来说，享有股东权利是其取得股东身份的目的和意义。而基于民

法的权利与义务相统一原则，股东享有权利的前提和基础是履行股东义务，而出资义务，是股东最基本的一项义务。根据《公司法司法解释（三）》第十六条的规定，股东应确保出资零瑕疵，才可全面享有股东权利，否则，股东权利将可能受到种种限制，最终丧失取得股东身份的“初心”。因此，股东要遵守诚信原则，依约履行出资义务，这既是对自身股东权利的保护，亦是对公司正常运营、稳定发展的保障。

2. 合法权利被侵害，依法维权有招数

《公司法司法解释（三）》第十六条的规定，在授权公司限制瑕疵出资股东权利的同时，也带来了公司侵害股东合法权益的风险。司法实践中，也的确存在公司滥用该权利限制股东权利的案件。对此，股东应该依法维权：首先，对出资行为要注意留取证据，比如银行转账记录、公司出具的出资证明等；其次，要积极行使股东权利，尤其对于相关股东会的召开，对其议程要提前给予关注，更要按时参加股东会，防止公司通过召开股东会搞“猫腻”；再次，对公司侵权行为也要注意留痕，比如留存股东收到的召开股东会的会议议程以防止与实际股东会决议事项不一致等；最后，如要通过诉讼维权，注意规划诉讼路径，比如被公司“冤枉”瑕疵出资作出股东会决议限权，应诉求确认股东会决议无效，而被公司以违反法定程序或者违反章程规定作出股东会决议限权的，应诉求撤销股东会决议，对不同的情况应寻求不同的诉讼途径，对此应予提前规划，少走“冤枉路”。

（二）公司：合理督促股东出资，限权要件务必完备

法律虽然赋予了公司对出资瑕疵的股东进行权利限制的权利，但是公司行使该项权利并非任性、随意的，而应严格把控受限股东的范围，并遵守法定程序。一方面，切莫企图滥用该权利侵害股东的合法权利；另一方面，也勿因程序方面不完备、不严谨，最终通过司法途径使得相关限制股东权利的决议效力受到影响，竹篮打水一场空，严重消耗公司的“元气”。

第三章

股东权利行使与公司管理

案例一

有限责任公司股东是否可以查阅会计凭证？

——解析有限责任公司股东知情权的范围和行使方式

闫飞[①]　吕小彤[②]

通过认缴出资成为有限责任公司的股东，进而取得资产收益，是我们生活中一种常见的投资形式。我们知道，投资成为股东后，主要的股东权利包括资产收益、参与重大决策、选择管理者等，而这些权利的行使，必须以对公司经营情况、财务状况的了解为基础，尤其是有限责任公司相对封闭，经营情况、财务状况等信息不易获取，不像上市公司等公众公司有强制披露义务，有限责任公司股东获取公司信息的渠道有限，为此必须赋予公司股东知情权，以便股东及时、全面获取信息，了解公司的经营情况和财务状况，以更好地行使其他股东权利。《公司法》第三十三条规定了有限责任公司股东知情权的范围，2017 年发布的《公司法司法解释（四）》则细化了股东知情权的行使方式，为有限责任公司股东行使知情权提供了更好的保障。那么，有限责任公司的股东对公司的哪些事项和材料享有知情权呢？股东又该如何行使自己的知情权呢？我们将从一则典型的案件切入，带大家了解有限责任公司股东知情权“那些事”。

案情回顾

（一）股东行权被拒绝，诉诸法院求保护

有财公司是一家有限责任公司，设立于 2015 年，工商登记的股东包括李进、李鹤鸣、施邦明，另外，施邦明担任执行董事兼经理，李鹤鸣担任监事。2018 年 9 月 17 日，李鹤鸣向有财公司邮寄函件，要求查阅有财公司成

① 闫飞，北京市第二中级人民法院民四庭法官。

② 吕小彤，北京市第二中级人民法院民四庭法官助理。

立以来的章程、股东会会议记录、董事会决议、监事会决议、业务往来合同、财务会计报告、会计账簿和会计凭证。有财公司未予理睬。2018年9月25日，李鹤鸣再次向有财公司邮寄函件，提出如果公司进行财务审计，应当在公司本部进行，否则李鹤鸣要求派人参与审计。有财公司仍旧未予理睬。李鹤鸣无奈只能诉至法院，要求有财公司提供成立以来的公司章程、股东会会议记录、董事会决议、监事会决议和财务会计报告供李鹤鸣查阅、复制；并提供公司成立以来的会计账簿和会计凭证供李鹤鸣查阅，由李鹤鸣聘请专业会计师参与；同时还要求公司提供成立以来的所有业务合同。

面对李鹤鸣的步步紧逼，有财公司也是针锋相对，寸土不让，称李鹤鸣第二次邮寄的函件已经变更查账要求为参与公司审计，这不属于《公司法》规定的股东知情权范围，相当于李鹤鸣没有向公司书面提出过查账要求，在此情况下，李鹤鸣直接向法院起诉，没有履行前置程序，不符合起诉条件。而且，李鹤鸣将公司章程作为证据提交了，也就是说，李鹤鸣已经查阅过公司章程。至于股东会会议记录、董事会决议、监事会决议的问题，公司压根儿没有开过会，也就没有相应的记录和决议，无法提供查阅。李鹤鸣自己经营多家企业，这些企业与有财公司的业务范围重合，存在竞争关系，李鹤鸣要求查账，可能损害有财公司的利益，而且会计凭证和业务往来合同不属于《公司法》第三十三条规定的查阅范围。

（二）一审法院剥茧抽丝，逐项回应诉求

李鹤鸣与有财公司针尖对麦芒，矛盾尖锐，互不相让。面对双方的争议，一审法院审理后认为，有财公司没有设立董事会和监事会，无法证明有财公司有董事会决议和监事会决议，因此不支持李鹤鸣查阅董事会决议、监事会决议。至于前置程序，李鹤鸣于2018年9月17日邮寄函件，书面提出请求，履行了前置程序，有财公司应当提供会计账簿供李鹤鸣查阅。但是，会计凭证与会计账簿不是同一概念，《公司法》第三十三条规定的查阅范围不包括会计凭证，因此不支持李鹤鸣查阅公司会计凭证。至于李鹤鸣查账的目的性问题，通过现有证据看不出李鹤鸣有不正当目的，因此不应禁止李鹤鸣查账。

至于业务往来合同，也不是《公司法》第三十三条规定的查阅范围，也不应允许李鹤鸣查阅。

（三）双方不服均上诉，二审法院一锤定音止纷争

一审判决后，李鹤鸣与有财公司均不服，双双提出上诉。李鹤鸣坚持要求查阅会计凭证，有财公司则坚持认为李鹤鸣查账的目的不纯，其经营的企业与有财公司存在竞争关系。

二审法院审理后，从证据入手，认为现有证据确实看不出李鹤鸣经营的企业与有财公司之间存在竞争关系，所谓的“不正当目的”无从谈起，不应限制李鹤鸣行使股东知情权，应当允许李鹤鸣查阅公司账目。但是，查阅会计凭证确实没有依据，不应得到支持。于是，二审法院驳回了双方的上诉，维持了一审判决。至此，双方的争议盖棺论定。

那么李鹤鸣要求查阅有财公司会计凭证的诉讼请求是否于法有据呢?

法理分析

我国法律关于有限责任公司股东知情权的规定，集中在《公司法》第三十三条和《公司法司法解释（四）》第七条至第十二条。其中，《公司法》第三十三条主要规定了有限责任公司股东知情权的权利范围，《公司法司法解释（四）》第七条至第十二条主要规定有限责任公司股东知情权的实现方式、诉讼程序和例外情形。

《公司法》第三十三条对有限责任公司股东知情权范围的规定采取了列举的方式，该条法律是这样规定的：“股东有权查阅、复制公司章程、股东会会议记录、董事会会议决议、监事会会议决议和财务会计报告。股东可以要求查阅公司会计账簿。股东要求查阅公司会计账簿的，应当向公司提出书面请求，说明目的。公司有合理根据认为股东查阅会计账簿有不正当目的，可能损害公司合法利益的，可以拒绝提供查阅，并应当自股东提出书面请求之日起十五日内书面答复股东并说明理由。公司拒绝提供查阅的，股东可以

请求人民法院要求公司提供查阅。”

从上述规定可以看出，对于有限责任公司股东知情权的权利范围，《公司法》第三十三条的规定非常具体，对该条法律所未列举的其他材料，股东并无查阅或复制之权利。那么实践中，既然《公司法》第三十三条并未规定有限责任公司股东可以查阅会计凭证，何以对此问题会产生争议呢？这就源于审判实践中对该条法律规定中的“会计账簿”的内涵和外延存在不同的理解。

一种观点认为，根据《会计法》第十五条的规定，会计账簿必须以经过审核的会计凭证为依据，会计凭证是公司具体经营活动的体现，通过查阅会计凭证，股东才能更确切、详细地了解公司的真实经营状况，赋予股东查阅会计凭证的权利符合保护股东知情权的立法目的。此种观点体现了对《公司法》价值取向不同的思考角度。

长期以来，公司纠纷案件的审理存在偏重外观、偏重保护交易安全的倾向，对公司股东的投资权益相对忽视，公司的股东特别是不直接参与公司经营管理的股东在寻求保护自己的利益时存在很多的困难。在此情况下，保护股东知情权不受侵害，为股东有效地了解公司经营状况提供便利，从而保护股东财产权益，就成为该种观点的考量因素。

另一种观点认为，法律的地位和权威性既根源于其强制力，也根源于其公示性和对社会主体行为的指导作用。这种观点认为，对法律的理解、解释以及在司法实践中的运用，更应注重从法律的公示性出发，遵循法律条文的文本本身所表现出的含义，即采取所谓的“文义解释”方法，对法律条文本身未展示出的含义，应当采取慎重、限缩的态度。

根据此种观点，《公司法》第三十三条规定的有限责任公司股东可以查阅、复制的材料不包括会计凭证，且该条法律并未规定有限责任公司股东可以查阅的会计账簿包括会计凭证，而《会计法》第十四条、第十五条、第二十三条也将公司的会计凭证与会计账簿两个概念作并列表述，不能显示会计账簿概念对会计凭证概念存在包含关系，因此有限责任公司股东要求查阅公司的会计凭证，应认定为相应的诉讼请求超出了股东知情权的范围。这就是本案一、二审判决驳回李鹤鸣关于查阅会计凭证的诉讼请求的法律依据。

知识拓展

随着人民群众法律意识的增强，以及我国经济的快速发展，投资、入股都不再是人们感到陌生的概念，但是如果问到成为股东之后享受的股东知情权到底是怎么一回事，恐怕很多已经做了股东的朋友还是会有困惑。而在近年来不断增加的股东知情权纠纷案件中，很多当事人正是由于对股东知情权相关知识了解不足才吃了亏。此类案件中，当事人常见的困惑主要集中在三个方面：（1）什么人有权查阅公司材料？（2）股东申请查阅公司材料需要经过怎样的程序，公司何种情形下可以拒绝查阅请求？（3）是否可以另请专业人士协助股东查阅？对于这些困惑，让我们逐条阐述介绍，为您解惑。

（一）什么人有权查阅公司材料？

这个问题粗粗听来好像不知所云，《公司法》第三十三条明确规定，“股东有权”查阅、复制公司的各项材料，这难道还有什么争议不成？这里确实还存在争议，比如A公司的原股东张先生，在已经将自己所持A公司股权全部转让给他人后，又向法院起诉，要求查阅其持股期间A公司的会计账簿等材料，法院是否应当支持其请求呢？这个问题的答案在《公司法司法解释（四）》第七条中，该条这样规定：“股东依据公司法第三十三条、第九十七条或者公司章程的规定，起诉请求查阅或者复制公司特定文件材料的，人民法院应当依法予以受理。公司有证据证明前款规定的原告在起诉时不具有公司股东资格的，人民法院应当驳回起诉，但原告有初步证据证明在持股期间其合法权益受到损害，请求依法查阅或者复制其持股期间的公司特定文件材料的除外。”

根据上述规定可以看出，有权查阅公司材料的，原则上只能是起诉时公司的股东，不符合这样的身份条件，人民法院就会直接驳回起诉。但是对于曾经持有公司股权，在起诉时已经丧失公司股东身份的原告，只要能提供初步证据证明其持股期间合法权益受损，人民法院仍然有可能支持其查阅、复制公司材料的诉讼请求，但是查阅的范围严格限于其持股期间公司的文件材料。也就是说，法律出于保护公司原股东的合法权益免受损害，为这部分主体保留了部分股东知情权。

另外，在司法实践中，也时常出现在公司章程中或在股东与股东之间的协议中对全部或特定股东查阅、复制公司材料的权利作出限制的情况，这里也特别明确一下，根据《公司法司法解释（四）》第九条的规定，这种类型的限制性约定，不能作为公司拒绝股东查阅、复制请求的依据。

（二）股东申请查阅公司材料需要经过怎样的程序？公司何种情形下可以拒绝查阅请求？

这个问题其实包括两个方面，一方面是“怎么查”，另一方面是“为什么不让查”。我们首先来看股东查阅公司材料需要走什么手续，也就是“怎么查”的问题。

“怎么查”要分查的是什么，对于股东查阅、复制公司章程、股东会会议记录、董事会议决议、监事会议决议和财务会计报告这五种材料的权利，《公司法》及其司法解释既未规定特别的前置条件，也未规定特别的查阅程序，股东可以随时向公司请求查阅、复制上述材料。

对于股东查阅公司会计账簿的权利，法律规定要复杂得多。《公司法》第三十三条对查阅会计账簿规定了一个前置程序，即股东应当以书面形式提出查阅请求，并且说明目的，股东提出请求后，公司有权在15日内对股东查阅请求进行审查，如果公司认为股东的查阅请求具有不正当目的、可能损害公司利益，可以书面答复拒绝查阅请求，但需要说明理由。只有在公司拒绝股东查阅，或者公司在股东提出请求后15日内没有书面答复或虽有书面答复但未说明理由时，股东才能向法院起诉。这就引出了问题的第二个方面：“为什么不让查”。

从上面的法律规定我们可以看出，在股东查阅会计证账簿存在“不正当目的”，可能损害公司利益的情况下，公司可以拒绝查阅，那么什么是“不正当目的”呢？

《公司法司法解释（四）》第八条列举了四种情形：（1）股东自营或者为

他人经营与公司主营业务有实质性竞争关系业务的，但公司章程另有规定或者全体股东另有约定的除外；（2）股东为了向他人通报有关信息查阅公司会计账簿，可能损害公司合法利益的；（3）股东在向公司提出查阅请求之日前的三年内，曾通过查阅公司会计账簿，向他人通报有关信息损害公司合法利益的；（4）股东有不正当目的的其他情形。

上述司法解释规定，第四项为兜底条款，前三项则均有明确指向。根据民事诉讼中“谁主张谁举证”的一般原则，公司主张股东查阅账簿存在不正当目的，应当对其主张的事实提供证据予以证明。本案中，有财公司主张李鹤鸣经营与有财公司存在实质性竞争关系的其他企业，故李鹤鸣查阅有财公司会计账簿可能损害有财公司的利益，但有财公司仅提供证据证明李鹤鸣投资及任职的数家企业的经营范围与有财公司存在部分重合，但未能举证证明李鹤鸣经营的业务与有财公司的主营业务存在实质性竞争关系，因此有财公司的主张无法成立。一、二审法院也据此不予采信有财公司的此项抗辩意见。

除上述第一项规定的情形外，公司依据《公司法司法解释（四）》第八条其他条文对股东查阅请求提出抗辩，所需承担的举证义务也同样较重，此种举证责任的设置，也是考虑到公司与股东的关系中，公司的地位一般较为强势，举证能力通常也比股东更强，为了保护股东知情权的充分实现而做出的制度安排。对于这个问题，公司也不必过于焦虑，对于股东可能利用行使知情权后泄露公司商业秘密、损害公司利益的问题，《公司法司法解释（四）》也已充分考虑，并在第十一条第一款作出规定：“股东行使知情权后泄露公司商业秘密导致公司合理利益受到损害，公司请求该股东赔偿相关损失的，人民法院应当予以支持。”

在另一起股东知情权纠纷案件中[①]，被告北田公司面对原告股东王正云要求查阅公司会计账簿的请求，以王正云存在不正当目的、可能损害公司利益为由进行抗辩，该抗辩意见也同样因为无法提供充分证据证明其主张的事实而未得到人民法院支持。不过与本案不同的是，在王正云与北田公司一案中，

① 详见（2019）京 0102 民初 7913 号、（2019）京 02 民众 13230 号民事判决书。

王正云在取得北田公司股权时，曾与北田公司协议约定，王正云仅有权查阅与王正云本人有关的经营活动所涉及的会计账簿。

而根据前面我们提到的《公司法司法解释（四）》第九条的规定，公司章程、股东之间的协议等实质性剥夺股东依据《公司法》第三十三条、第九十七条规定查阅或者复制公司文件材料的权利，公司以此为由拒绝股东查阅或者复制的，人民法院不予支持。因此，在该案中，王正云起诉请求查阅北田公司全部会计账簿，虽然超出了其与北田公司约定的查阅范围，但仍得到一、二审法院判决支持。

（三）是否可以另请专业人士协助股东查阅？

我们都知道，会计学本身是一门专业的非常学科，从原始凭证形成记账凭证，再形成会计账簿和财务会计报告，并不是简单的转录、登记工作，而是涉及非常专业的会计知识和大量的职业判断，只有经过专门训练、具有相关专门知识的人员才能完成。对于不具有财会专业知识的股东来说，如果单纯自己查阅公司会计账簿，可能只是“走马观花”“雾里看花”地“看个热闹”，无法从中了解公司的经营情况和财务状况。为此，《公司法司法解释（四）》第十条第二款规定：“股东依据人民法院生效判决查阅公司文件材料的，在该股东在场的情况下，可以由会计师、律师等依法或者依据执业行为规范负有保密义务的中介机构执业人员辅助进行。”

实践中，也有股东反映，法院判决支持查阅请求后，公司故意刁难，在查阅的时间和地点问题上故意设置障碍，增加股东查阅的难度，对此，《公司法司法解释（四）》也注意到了这个问题，并在第十条第一款中规定：“人民法院审理股东请求查阅或者复制公司特定文件的案件，对原告诉讼请求予以支持的，应当在判决中明确查阅或者复制公司特定文件材料的时间、地点和特定文件材料的名录。”如此一来，进一步解决了股东行使知情权的“后顾之忧”。

当然，还有一种极端的情况，法院判决支持股东查阅请求后，公司“釜底抽薪”，不管法院怎么判，都以公司文件材料丢失、毁损为由，拒绝向股东提供查阅的文件资料。为了解决这个问题，《公司法司法解释（四）》采取了明确公司及管理层义务、增加违规成本的做法，该解释第十二条规定："公司董事、高级管理人员等未依法履行职责，导致公司未依法制作或者保存公司法第三十三条、第九十七条规定的公司文件材料，给股东造成损失，股东依法请求负有相应责任的公司董事、高级管理人员承担民事赔偿责任的，人民法院应当予以支持。"通过以上的知识拓展，相信大家对股东知情权的范围和行使方式有了一个概括的认识，那么有限责任公司以及有限责任公司的股东，在股东知情权问题上应当采取怎样的举措保护自身权益呢?

普法提示

在股东知情权问题上，对于有限责任公司及其股东，我们有如下建议。

（一）有限责任公司应规范财务管理工作，设置真实、完整的财务会计账簿

依法设置会计账簿并保证其真实、完整，是《会计法》规定的有限责任公司的法定义务。查阅公司的会计账簿，是《公司法》赋予有限责任公司股东的权利。有限责任公司应当按照《会计法》《公司法》的规定，设置财务会计账簿并确保其真实、完整。

（二）股东在行使知情权时，应当举证证明自己的股东身份

《公司法》第三十三条规定的知情权，专属于有限责任公司的股东，这就要求当事人在行使股东知情权时，提供证据证明自己具有股东身份或证明自己曾经持有公司股权，且持股期间合法权益受到损害。这就要求有限责任公司股东在持股期间积极关心公司事务，注重保留相关证据。

（三）股东申请查阅公司会计账簿，应当履行法定前置通知程序

有限责任公司股东申请查阅公司会计账簿，应当按照《公司法》第三十三条规定，以书面形式向公司提出查阅请求，并且说明查阅的目的。在

股东提出查阅请求后，公司应及时对股东的请求进行审查，如果不存在可以拒绝查阅的情形，公司应当及时配合股东查阅；如果存在可以拒绝查阅的情形，应当在15日内以书面形式答复股东，并说明理由。公司、股东之间应尽量采取协商的方式，充分沟通，消除误解，从而减少无谓诉讼对公司、股东双方造成的诉累。

（四）股东查阅公司会计账簿，应出于正当目的，不得损害公司利益

有限责任公司股东在自己经营或为他人经营与公司主营业务存在实质性竞争关系的业务时，如果要查阅公司会计账簿，应当确保自己的查阅请求符合公司章程规定或取得了公司全体股东的一致同意。

股东查阅公司会计账簿后，应当注重保守公司秘密，不得将查阅内容用于通报他人，或用于其他损害公司利益的不正当目的。

案例二

股东请求公司分配利润须满足什么条件？

——解析《公司法司法解释（四）》第十五条关于股东须提交载明利润分配具体方案的股东（大）会决议的规定

周岩[①] 杜茵[②]

公司的股东将自己的财产投入公司，便失去了对财产的支配权，获得公司的股权。股权中最重要的权利之一就是请求公司向自己分配股利，也被称为股东的股利分配请求权，是股东自益权的一种。股利分配请求权，从本质上说，是股东对自己的投资期望得到回报的一种权利。[③]然而在实务中，虽然公司有着良好的盈利，但是却不依法向股东分配股利，这种行为侵害了股东的合法权益。[④]此时，受到侵害的股东往往选择向法院起诉请求公司进行盈余分配。那么，股东请求公司分配股利，到底需要满足什么条件呢？我们通过一个案例进行解析。

案情回顾

天林投资公司是一家成立于 2007 年 12 月 20 日的有限责任公司。公司注册资本是 5000 万元，原始股东是川南顾问公司、首印控股公司。2009 年 12 月 28 日天林投资公司发生过一次股权变动，变动后的股东是川南顾问公司、首印控股公司、兴通投资公司和陈飞，其中川南顾问公司的出资额是 50 万元。2008 年 10 月，上述四方签署了关于天林投资公司的股份转让、投资的协议。这份协议中约定：鉴于《公司法》允许股东之间按照约定进行分红，首印控股公司、兴通投资公司、陈飞和川南顾问公司特此约定，在取得投资

① 周岩，北京市第二中级人民法院民四庭法官。

② 杜茵，北京市第二中级人民法院民四庭法官助理。

③ 施天涛：《公司法论》（第三版），法律出版社 2014 年版，第 261 页。

④ 郝磊：《公司股东股利分配请求权的司法救济》，载《人民司法》2011 年第 1 期。

收益后，由公司通过股东会决议，确定川南顾问公司可以享受股东总分红部分的20%的比例激励收益或利润，剩余80%利润由首印公司、兴通投资公司、陈飞及川南顾问公司按照相互之间的持股比例分配，除非另有约定。

此后，天林投资公司未曾针对2016年度利润分配事宜作出过股东会决议，也未向川南顾问公司分红。川南顾问公司以此为由向法院提起诉讼，请求天林投资公司支付2016年度股东总分红20%的利润，并按照持股比例支付剩余80%利润中的分红。川南顾问公司明确其系基于天林投资公司股东身份提起诉讼，并认为无论根据《公司法》还是天林投资公司章程的规定，抑或上述四方协议的约定，天林投资公司均应根据股东会决议进行利润分配。

一审法院认为，公司利润分配原则上属公司自治范畴，应由公司自主决定。根据《公司法司法解释（四）》第十五条："股东未提交载明具体分配方案的股东会或者股东大会决议，请求公司分配利润的，人民法院应当驳回其诉讼请求，但违反法律规定滥用股东权利导致公司不分配利润，给其他股东造成损失的除外。"本案中，川南顾问公司于一审庭审中认可天林投资公司针对2016年度利润分配事项并未作出过股东会决议，且川南顾问公司未举证证明存在其他股东滥用股东权利导致公司不分配利润、给其他股东造成损失的情形，应承担举证不利的后果。因此，一审法院判决驳回了川南顾问公司关于分配2016年度天林投资公司利润的诉讼请求。

川南顾问公司不服一审判决，提起上诉。二审法院认为，川南顾问公司向法院请求分配天林投资公司利润，需提交载明具体分配方案的股东会或者股东大会决议，或举证证明股东违反法律规定滥用股东权利导致公司不分配利润，给其他股东造成了损失。现川南顾问公司认可天林投资公司针对2016年度利润分配事项未作出股东会决议，也未能提供证据证明存在其他股东滥用股东权利导致公司不分配利润，给其他股东造成损失。因此，川南顾问公司请求法院分配天林投资公司利润缺乏事实及法律依据，二审法院最终驳回了川南顾问公司的上诉请求，维持了一审判决。

法理分析

在上述案例中，一审法院和二审均提到川南顾问公司没有提交载明公司利润分配具体方案的股东会或者股东会决议。实际上，提交股东会或股东大会有关利润分配的决议是《公司法司法解释（四）》第十五条所明确的股东请求利润分配的条件之一。除此之外，股东行使股利分配请求权还需要满足其他的条件。

（一）无盈利，不分配

股利分配请求权是股东对自己的投资期望得到回报的一种权利。既然股利分配请求权是股东对自己的投资回报所享有的期待权，那么，股东是否能够实现这种权利，在事实上取决于公司经营是否产生利润。公司如无盈利，则不能分配。[①]股利分配的方式，在各国公司实践中有现金股利、财产股利、债券股利、股票股利等多种形式，我国《公司法》对股利分配的方式未作出明确规定，实务中公司多采取现金或者股票方式分配利润。[②]

（二）有盈利，先提取

即使公司有盈利，也未必进行股利分配。《公司法》第一百六十六条规定："公司分配当年税后利润时，应当提取利润的百分之十列入公司法定公积金。公司法定公积金累计额为公司注册资本的百分之五十以上的，可以不再提取。公司的法定公积金不足以弥补以前年度亏损的，在依照前款规定提取法定公积金之前，应当先用当年利润弥补亏损。公司从税后利润中提取法定公积金后，经股东会或者股东大会决议，还可以从税后利润中提取任意公积金。公司弥补亏损和提取公积金后所余税后利润，有限责任公司依照本法第三十四条的规定分配；股份有限公司按照股东持有的股份比例分配，但

---

① 施天涛：《公司法论》（第三版），法律出版社 2014 年版，第 261 页。

② 参见李建伟：《公司法论》（第三版），中国人民大学出版社 2014 年版，第 204 页。

股份有限公司章程规定不按持股比例分配的除外。股东会、股东大会或者董事会违反前款规定，在公司弥补亏损和提取法定公积金之前向股东分配利润的，股东必须将违反规定分配的利润退还公司。公司持有的本公司股份不得分配利润。”

从《公司法》的上述规定来看，如果公司上一年度发生亏损，而法定公积金又不足以弥补亏损，税后利润首先应当弥补亏损；如果无须弥补亏损或者弥补亏损后还有剩余，则应当提取法定公积金，还可以提取任意公积金；提取公积金后的剩余部分可以用作分配的利润。

由此可见，公司当年度有盈利也不一定分配，需要先遵守法律的强制性规定，用来弥补亏损，提取法定公积金和任意公积金。这是因为，股利分配关系到公司、股东、管理层、债权人等利害关系人的切身利益，这些利害关系人之间不一致，甚至存在冲突。如果任由股东确定股利分配方案，可能出现有利于己的短期行为，不利于公司的长期发展，损害其他利害关系人的利益。这要求股利分配制度必须平衡这些利益冲突，保障各方利益。因此，股利分配不能完全任由公司自治，法律对其有所规制。①

（三）经公司股东会或公司股东大会决议

公司的利润不能自动量化为每个股东的收益，公司向股东分配股利须由公司作出决议后再实施。我国《公司法》第三十七条规定，股东会行使审议批准公司的利润分配方案和弥补亏损方案的职权。第四十六条规定，董事会对股东会负责，制订公司的利润分配方案和弥补亏损方案。第九十九条规定，《公司法》第三十七条第一款关于有限责任公司股东会职权的规定，适用于股份有限公司股东大会。由此可见，无论是有限责任公司还是股份有限公司，公司股利分配方案由董事会制订，交股东会或股东大会决议通过后，交付董事会执行。

股东会或股东大会作出利润分配决议后，应当向公司股东分配股利。《公

① 参见李建伟:《公司法论》(第三版)，中国人民大学出版社 2014 年版，第 202 页。

司法司法解释（四）》第十四条规定：股东提交载明具体分配方案的股东会或者股东大会的有效决议，请求公司分配利润，公司拒绝分配利润且其关于无法执行决议的抗辩理由不成立的，人民法院应当判决公司按照决议载明的具体分配方案向股东分配利润。

如果没有经过股东会或股东大会决议，公司股东不享有股利分配请求权，其诉讼请求往往得不到法院的支持。《公司法司法解释（四）》第十五条对此作出了规定。在前述案例中，由于川南顾问公司没有提供股东会或股东大会作出的利润分配具体方案，不符合股利分配请求权的程序要求，因此川南顾问公司请求天林投资公司进行利润分配的主张，没有得到法院的支持。

知识拓展

（一）股利分配的原则

《公司法》第三十四条规定：股东按照实缴的出资比例分取红利；公司新增资本时，股东有权优先按照实缴的出资比例认缴出资。但是，全体股东约定不按照出资比例分取红利或者不按照出资比例优先认缴出资的除外。第一百六十六条第四款规定：公司弥补亏损和提取公积金后所余税后利润，有限责任公司依照本法第三十四条的规定分配；股份有限公司按照股东持有的股份比例分配，但股份有限公司章程规定不按持股比例分配的除外。从上述规定可以看出，公司进行利润分配原则上要按照实缴出资的比例分配给各个股东，全体股东或者章程另有约定的除外。

根据法律规定，股东分取红利是按照股东实缴的出资比例进行计算，缴得多分得多，缴得少分得少，与股东的认缴出资比例无关，实缴出资所占比例较大的股东，获取的红利比例也会较大。所谓认缴的出资，是指股东向公司承诺缴纳的资本数额，对于其认缴的出资或者认购的股份的缴纳，只需要按照公司章程的规定缴纳即可。所谓实缴的出资额，是指股东实际缴纳的出资额。

例外情况是全体股东约定或者公司章程规定不按照出资比例分取红利。这表明，股东可以在章程或者股东协议中约定其他的分红方案。如何向股东分配利润的决定权在股东手中，由股东根据具体情况作出决定。需进一步说明的是，有限责任公司通过公司章程改变公司法规定的不按照出资比例分取红利，必须经全体股东约定，而不得采取多数决的方式。股份有限公司章程则无须经全体股东同意，采取多数决的方式即可。

（二）公司不分红的救济途径

公司是否分配利润，以及具体的分配金额等，均须由公司股东会或股东大会作出决议，本质上属于公司自治的范畴。在公司没有作出利润分配决议的情形下，法院一般不会越俎代庖，径行对公司的利润进行分配。然而，在资本多数决的原则下，利润分配的决定不可避免地与运作或控制公司的大股东或董事等个人意思紧密相连。若控制者掌握公司权力拒不分配公司利润或者非法分配，少数股东可能受到多数股东决定的长期不分配股利政策的侵害。此时，为了实现对小股东的保护，法律规定了一些救济途径。

按照《公司法》第七十四条的规定，对公司五年或五年以上盈利而公司股东会仍作出不分配利润的决议，投反对票的股东享有要求公司收购其股份的请求权。自股东会会议决议通过之日起六十日内，股东与公司不能达成股权收购协议的，股东可以自股东会会议决议通过之日起九十日内向人民法院提起诉讼。按照《公司法》第七十一条的规定，股东也可以向第三人转让股权。由于上市公司的股份流动性更高，上市公司的股东可以通过在证券市场卖出股份而退出公司。当然，这些解决途径都是以股东退出公司为条件的，是股东的无奈之举，是法定的、消极的救济措施。

考虑到实务中公司的大股东滥用股权及多数决原则，欺压中小股东的纠纷时有发生，消极的救济途径显然并不足以切实保护中小股东的利益，因此《公司法司法解释（四）》第十五条但书部分确认了强制利润分配诉讼，即滥用股东权利导致公司不分配利润，并给其他股东造成损失的，允许股东在公司没有作出利润分配决议的情形下，直接向法院提起请求公司分配利润之诉。一般来说，在分配公司利润方面滥用股东权利的行为主要有以下几种：一是给在公司任职的股东或者其指派的人发放与公司规模、营业业绩、同行业薪酬水平明显不符的过高薪酬，变相给该股东分配利润的；二是购买与经营不相关的服务或者财产供股东消费或者使用，变相给该股东分配利润的；三是为了不分配利润，隐瞒或者转移公司利润的，以及滥用股东权利不分配利润的其他行为。

普法提示

（一）股东要依法履行出资义务

股利的分配原则上要依照股东实缴出资的比例。依据《公司法司法解释（三）》第十六条，股东未履行或者未全面履行出资义务或者抽逃出资，公司根据公司章程或者股东会决议对其利润分配请求权、新股优先认购权、剩余财产分配请求权等股东权利作出相应的合理限制，该股东请求认定该限制无效的，人民法院不予支持。因此，股东应当依照《公司法》及公司章程的规定履行自己的出资义务，及时行使自己的权利，尽量避免因出资瑕疵而产生股东身份的争议，或者产生有关实缴出资数额的争议。

（二）股东请求分红要提供股东会或股东大会的决议

如果公司已经形成了具体分配方案的股东会或者股东大会的有效决议，而且该有效决议是可供执行的决议，那么股东在提起股利分配之诉时，要提交这些载明具体分配方案的股东会或股东大会的有效决议，否则其诉讼请求无法得到法院的支持。

在实践中可能出现这样一种情形，股东会或者股东大会在作出一个利润分配的有效决议后，接着又作出新的股东会或股东大会决议，新的决议调整了原有的利润分配方案甚至决定不实施利润分配方案。在这种情况下，如果股东在股利分配之诉中提交前一个股东会或股东大会的决议，法院仍然不会支持。也就是说，股东要提交最新作出的利润分配决议。如果股东无法知晓公司的利润情况，必要时可以先提起股东知情权诉讼，了解公司的经营管理状况以及财务情况。

（三）公司长期未分红的，股东有权进行救济

如果公司长期有可分配利润而未作出利润分配的决议，股东可选择合适的方式进行救济。首先，股东向公司董事会提出进行股利分配的请求，督促董事会制订公司的利润分配方案和弥补亏损方案。若董事会仍未制定利润分配方案，或者董事会制订了方案，但股东会或股东大会未通过，股东可以出让自己持有的股权或股份，选择退出公司。其中，上市公司的股东可以通过证券市场交易卖出自己的股份，从而自由地退出公司。相较而言，有限责任公司或者非上市的股份有限公司的股权或股份流动性差一些，股东可以依据法律规定进行股权或股份的转让。其次，有限责任公司连续五年不向股东分配利润，而公司该五年连续盈利，并且符合公司法规定的分配利润条件的，对股东会该项决议投反对票的股东可以请求公司按照合理的价格收购其股权。

此外，股东还可以依据《公司法司法解释（ 四）》第十五条提出强制利润分配诉讼。总体来看，强制利润分配诉讼需要股东提供充分的证据，证明难度比较大，股东要注意留存其他股东滥用股东权利导致不分配利润的相关证据。例如，在公司任职的股东的薪酬远高于公司章程规定的相关证据，大股东或者董事会、高级管理人员操纵公司隐瞒或者转移利润的相关证据。这些证据将来可能作为职务侵占、挪用资金等刑事案件的初步报案证据。

（四）公司要完善章程、依法分配利润

公司在制定、修改章程时要充分考虑到公司治理的各类风险，聘请专业人员参加。公司章程在公司盈余分配上，可以充分考虑到小股东的利益，平衡大股东的权利，明确约定公司进行盈余分配的条件，防止出现故意不分配的现象。

公司要依照法律和章程的规定，依法向股东分配股利，促进公司良性发

展。股东会或股东大会在商议有关盈余分配的事项时，既要形成是否进行盈余分配的有效决议，又要形成具体的分配方案的有效决议。公司故意长期不分配股利的，可能会承担回购股权或者强制分配利润的法律后果。公司的董事、高管等有职务侵占、挪用资金等情节的，可能构成刑事犯罪。

案例三

股东会决议程序有问题，如何选择否认决议的路径？

——解析《公司法司法解释（四）》第五条关于决议不成立的规定

孙盈[1]　张宏博[2]

股东会决议是公司股东按照法律法规、公司章程规定的程序和权限所形成的公司意思，其意义相当于自然人通过思考在内心形成的决定。但与自然人不同，股东会决议只有通过正当程序形成时方能发生效力。若公司决议的形成存在程序或内容上的问题，就有可能造成股东会决议的效力存在瑕疵。2017年，《公司法司法解释（四）》将决议瑕疵类型的划分，由“可撤销—无效”的两分法，转变为“不成立—可撤销—无效”的三分法。新类型的增加对于保护股东权益、规范公司内部治理有着积极意义，但也提出了如何区分案件情形，正确适用法律和司法解释规定的问题。

案情回顾

（一）一场不知情的股东会

2011年，新机公司和朱铭银、广汉公司共同出资设立祥和机电公司，注册资本总额6000万元，其中新机公司出资1500万元，占比25%。公司董事会由各股东委派代表担任，其中新机公司委托孙士华担任董事，参与祥和机电公司的管理。到了2019年，新机公司经查阅祥和公司的工商登记情况意外发现，孙士华已被免去董事职务。经过查阅备案的变更登记材料，新机公司才知道早在2016年，祥和机电公司就已召开“股东会”免除了孙士华的

---

① 孙盈，北京市第二中级人民法院民四庭法官。

② 张宏博，北京市第二中级人民法院民四庭法官助理。

董事职务。

原来，在 2016 年 10 月 25 日，祥和机电公司召开了一次“特殊”的股东会。此次股东会决议内容记载：“根据《公司法》及本公司章程的有关规定，公司股东会会议于 2016 年 10 月 25 日在公司会议室召开。本次会议由董事陈某、魏某和张某提议召开，由董事会召集，已于 2016 年 10 月 10 日通知到各股东。本次股东会议应到会股东 3 人，实际到会股东（授权代表）2 人，代表出资额 4500 万元，占公司注册资本总额（6000 万元）的 75%，符合《公司法》及公司章程的规定。受董事长陈某委托，本次会议由董事魏某主持，形成决议如下：一、同意免去陈某、孙士华、魏某的董事职务；二、同意选举朱某为新任董事，并与张某组成新一届董事会；三、同意按照本股东会决议事项进行工商登记。”股东朱铭银在决议中签字，广汉公司加盖公司印章，公司代表魏某签字确认。而此次股东会的“特殊”之处在于，股东会签到表上有孙士华和朱铭银、魏某三人的签名，而决议记载的内容没有体现孙士华参加会议，决议后的签字也没有“孙士华”。

2016 年 11 月 22 日，工商行政管理部门根据祥和机电公司的股东会决议内容，将其高级管理人员备案（董事、监事、经理等）由陈某、孙士华、魏某、张某变更为朱某、张某。

这场不知情的股东会是否真的存在？新机公司没有答案。基于以上情况，新机公司向法院起诉，请求确认祥和机电有限公司 2016 年 10 月 25 日的股东会决议不成立。

（二）股东会是否实际召开成为审理焦点

新机公司主张股东会决议不成立，那么本案争议的焦点问题就是原告关于股东会决议不成立的诉求是否具有事实和法律依据。

在案件审理中，原告新机公司主张，未得到祥和机电公司召开股东会的通知，也并未参加该股东会会议，且会议签到表中“孙士华”的签名是伪造的，另外祥和机电公司也只提供了签到表的复印件。因此新机公司认为祥和机电公司未真的召开股东会。同时新机公司还指出 2016 年 10 月 25 日股东会的议事程序存在违反公司章程和公司法的问题。

被告祥和机电公司则辩称，2016年10月25日确已召开股东会，全体股东到场参加，决议由出资比例达75%的股东表决通过，符合法律和章程的规定。本案起诉申请的是“决议不成立”，而非“决议能否被撤销”。新机公司的主张只是反映股东召集程序存在瑕疵，不符合决议不成立条件，理应驳回。

一审法院根据确认的案件事实认为，祥和机电公司2016年10月25日的股东会确实于当日召开。新机公司法定代表人孙士华在股东会签到表中签字确认到场，未出席会议、没有进行表决，但并不影响决议成立。新机公司认为涉案股东会违反了公司法和公司章程，但本案不存在《公司法司法解释（四）》中导致公司决议不成立的规定情形。因此驳回了原告新机有限公司的诉讼请求。

（三）二审判决认为股东会未实际召开

新机公司不服一审判决提出上诉。虽然查明的事实一致，但二审法院认为，因为祥和机电公司不能提交2016年10月25日的股东会会议签到表证据原件，也不能提交证据证明召开股东会会议的通知已提前十五日送达新机公司，且新机公司代表亦未在股东会决议上签字，而股东会决议内容又直接涉及新机公司的合法利益，因此，祥和机电公司提交的证据不能证明其主张，其抗辩理由依据不足，不能成立。因此，二审法院认定祥和机电公司2016年10月25日股东会不曾实际召开，新机公司的诉讼请求成立，应予支持。于是，二审法院依法撤销了一审判决，改判祥和机电有限公司2016年10月25日的股东会决议不成立。

最终，二审判决得出了与一审判决完全相反的结论。为什么会有这样的结果呢？部分股东未得到股东会会议通知而未参会，到底会导致该股东会决议不成立还是被撤销呢？

法理分析

为了解答上述问题，首先应该明确什么样的股东会决议将被认定为不成立。

根据《民法总则》的规定，法人、非法人组织依照法律或者章程规定的议事方式和表决程序作出决议的，该决议行为成立。[①]公司作为典型的营利法人，其决议也应符合这一规定。那么就能得出“未依照法律或章程规定的议事方式、表决程序做出的，股东会决议不成立”的初步结论。《公司法司法解释（四）》又对上述规定作了进一步细化，列举了五种导致股东会或股东大会决议不成立的情形，包括：（1）公司未召开会议的，但依据法定或章程规定，书面作出决议的除外；（2）会议未对决议事项进行表决的；（3）出席会议的人数或者股东所持表决权不符合公司法或者公司章程规定的；（4）会议的表决结果未达到公司法或者公司章程规定的通过比例的；（5）导致决议不成立的其他情形。那么根据决议的真实性和效力，可以对上述五种情况作简单归类：第一类，包括第一种和第二种情形，是不存在产生决议的基础事实；第二类，包括第三种和第四种情形，是存在所谓“决议”，但其表决程序严重违反法律或公司章程的规定，“决议”其实并未通过。第五种情形是兜底规定。只有造成产生决议的基础事实不存在，或者“决议”未依照合法合规的程序通过的情况，才属于这里规定的“其他情形”。

回到本案中，新机公司提出诉讼请求的依据是第一种情形，即公司未召开会议。公司有没有召开股东会是一个事实问题，在诉讼中需要双方当事人通过举证进行证明，法院则依照证明规则得出结论。董事会负有召集股东会的职责，掌握着股东会召集、召开和表决的原始材料。因此，祥和公司作为被告，理应承担初步证明股东会真实召开的责任。然而本案中，被告无法提供通知新机公司参加会议的证据，也不能提供会议签到表原件，决议的内容

---

① 现为《民法典》总则编第一百三十四条第二款的规定。

和签名则证明原告没有到场参会，而签到表中包含“孙士华”等三人签名与决议内容记载的两人参会，以及决议最后的两人签名是矛盾的，且被告未作出合理解释。因此，被告公司无法证明股东会真实召开，理应承担败诉的不利后果。而一审判决被撤销的原因就在于其错误分配了证明责任。本案不能证实股东会实际召开，符合《公司法司法解释（四）》规定的决议不成立的第一种情形，所以二审作出改判的判决。

股东因为没有收到股东会会议通知，也没有参加会议而主张股东会决议无效的案件，在审判实践中比较常见。第一种情况，公司无法证明股东会实际召开的，应当认为股东会决议不成立。第二种情况，公司能够证明股东会实际召开，但只通知了部分股东的，比如持有有限责任公司多数股权的股东，为了排斥部分股东表决权以达到决议通过的目的，不通知该部分股东，只召集其他股东开会并作出股东会决议的，若符合法定和公司章程规定的最低出席人数和通过比例，司法实践认为这类决议属于可撤销的决议，[①] 若不符合上述比例要求，则决议不成立。第三种情况，公司能够证明股东会会议通知已经向全体股东发出，股东会实际召开，但股东主张未收到通知且未参加会议的，应根据情况分别讨论。如果因为公司通知程序不规范造成股东未收到通知，属于股东会召集程序瑕疵，股东可以申请撤销该决议。如果能够证明股东确已收到通知但仍未参加会议，一般来说，若决议未直接损害股东实体权利，且出席和表决情况达到人数、票数标准，可以认为是股东未明确表示反对，而认定决议有效；但如果决议直接涉及股东的实体权利，比如通过决议将该股东持有的股权出让，则属于无效决议。[②] 另外，如果决议作出后股东已经开始履行决议内容，则该股东已经以其行为认可了决议。因此，之后又以程序瑕疵申请撤销决议的，就无法得到法律支持了。

---

① 相同观点，参见湖北省高级人民法院（2017）鄂民终 3071 号民事判决书，及国家法官学院案例开发研究中心编：《中国法院 2019 年度案例》，中国法制出版社 2019 年版，第 112 页。

② 相同观点，参见贾纬：《特定情况下“默示同意”原则的效力——郑百文部分股东诉郑百文及其董事会案的社会和法律意义》，载《法律适用（国家法官学院学报）》2002 年第 3 期。

知识拓展

本案被告在抗辩中提出了“决议不成立”和“决议可撤销”的差别问题。二者的确都涉及产生决议的程序存在瑕疵的情况，所覆盖的情形存在交叉的可能。如何将二者区分开来，值得进一步分析。

（一）“不成立”与“可撤销”决议的概念辨析

《公司法》第二十二条第二款规定了两类可撤销的公司决议：一类是召集程序、表决方式违反法律、行政法规或者公司章程规定的决议，另一类是内容违反公司章程规定的决议。同时，这一撤销权必须在决议作出之日起六十日内，通过向人民法院起诉的方式来行使，逾期未行使的，该权利即告消灭。

根据关于“不成立”决议和“可撤销”决议的规定，可以看出二者存在以下四点区别：一是内涵不同。公司决议不成立，需要从客观上考察决议是否真实存在，以及形成决议的程序是否符合出席和表决的人数、票数要求，是围绕事实进行判断。而可撤销的公司决议分为两种情形，即程序违反法律法规或公司章程和内容违反公司章程。要认定决议是否可撤销，需要对程序问题是否实质性地影响股东权利、内容问题是否违反公司章程两部分内容作出价值上的判断。二是法律效果不同。不成立的公司决议自始不存在，当然不产生任何效力，不应被公司执行，而可撤销的公司决议在被撤销前是有效的，除非股东行使了撤销权，否则撤销权一旦超过期限未行使，则决议就确定为有效了。三是权利主体不同。根据《公司法司法解释（四）》的规定，公司股东、董事、监事等可请求确认股东会或者股东大会决议不成立。而可以请求撤销股东会或者股东大会决议的，只有起诉时具有公司股东资格的人。四是权利行使期限不同。公司决议撤销权须在决议作出之日起六十日内行使，而起诉确认决议不成立是不受时间限制的。

程序瑕疵导致效力存在问题的决议，或者不成立，或者属于可撤销，而两种类型最重要的区别在于程序瑕疵的严重程度不同：不成立的决议，其程序瑕疵的严重度程远远高于可撤销的决议。一般的程序瑕疵，尚有补正之余地：法律一方面将是否撤销决议的选择权赋予股东，凸显了对公司自治和股东权利的尊重；另一方面对于未造成实质影响的轻微程序瑕疵，也允许法院裁量驳回撤销决议的诉请。而当程序瑕疵严重到有违公司自治与股权平等保护的基本原则时，则应认定决议不成立，一般认为也无法通过其他途径进行补正。

那么，结合司法实践的情况，可以认为目前区分公司决议瑕疵类型的基本原则是：如果决议不存在，或者会议的出席、表决情况没有达到法定或者公司章程规定的人数、票数标准，则决议不成立；如果决议内容违反法律法规，则决议无效；其他情形则都属于决议可撤销的范畴。

（二）“不成立”与“可撤销”决议的类型化区分

为了更好地认识股东会或者股东大会决议存在什么情形属于“不成立”，什么情形属于“可撤销”，笔者选取了实践中股东会或者股东大会决议常见的几种典型问题，分类进行说明。

1. 未履行通知义务的股东会或者股东大会所形成的决议

第一，公司未通知部分股东，导致该部分股东未参加股东会或股东大会的，如前文所述，如果决议实际出席人数和表决数量均不符合法律、公司章程规定，则决议不成立，如果符合，则股东可行使撤销权，否定决议效力。第二，公司通知程序有瑕疵的，需要根据个案情况综合判断瑕疵对决议是否产生了实质影响。具体来说，如果虽然存在瑕疵，但情节显著轻微，并未对股东行使权利产生影响，比如只比公司章程规定的提前通知时间晚了 1 天，而全体股均东参加了股东会，并行使了表决权，那么股东权益已经得到保障。股东再以上述时间瑕疵为由诉请撤销决议的，就不会得到法院支持。但在特殊情况下，一般认为属于轻微程序瑕疵的情况也可能对决议产生实质影响。比如，公司章程同时规定召开股东会应当提前 15 天通知股东，以及董事候选人必须在股东会召开 15 日前将个人信息提交给公司。董事会为了限制人员参加选举，只提前 14 天通知股东参加股东会，造成的后果是排除了股东提名董事候选人的可能。此时，该瑕疵就属于一般瑕疵，股东撤销该股东会决议的请求理应得到支持。因此，虽然都是只晚1天的程序瑕疵，却由于不同的案件事实导致相反的法律后果。

2. 股东会的召集人员不符合法律规定

召集通知是召开股东会或者股东大会的第一道程序，意义重大。从《公司法》第一百八十二条及《公司法司法解释（二）》的规定来看，无法有效召集会议是公司经营管理发生严重困难的情形之一，也就是说会议的存在必须以有效召集为前提，而履行召集程序则是有效召集的基础。召集程序应当由法律或者公司章程规定的召集人启动。对于不具有召集权的机构或者人员召集的股东会或者股东大会，其所作出的决议均不能成立。但是在特殊情况下，无召集权的机构或者人员具有看似具备召集权的“模样”。比如，董事长未经董事会决议擅自召集，或者伪造了董事会决议召集股东会或者股东大会的，股东在不知情的情况下会认为董事长有权利召集股东会。这样的股东会会议所作出的决议属于可撤销的决议，公司股东可诉请法院将其撤销。

3. 决议事项超出通知范围

根据《公司法》的规定，股份有限公司召开股东大会会议，应当将会议审议的事项提前通知股东。《公司法》虽然未对有限责任公司作出类似规定，但有限责任公司股东会可以在章程中作出类似规定。提前通知审议事项，旨在保障股东的参与权、知情权和表决权。对于违反法定或章程规定，将不曾提前告知股东的审议事项提交股东会或者股东大会讨论、表决的，被称为“突击表决”。就股份有限公司股东而言，此类决议可以撤销；就有限责任公司股东而言，如果章程中规定了股东会前应当提前告知审议事项，此类决议也可撤销。

4. 伪造个别股东签名而形成的股东会决议

公司决议上的签名确认是伪造的，除非能够证明代签人有股东授权，否则应当区分以下三种情况分别认定决议效力。第一，如果全部股东签名均系伪造，可以认为根本就没有召开股东会，或者会议并未形成决议，这样的“决议”不成立。如果部分股东的签名是伪造的，但去掉该部分股东后，出席会议或表决的人数、票数不符合法律、章程规定，则决议也不成立。第二，虽然个别股东的签名是伪造的，但是，即使该部分股东反对表决事项，按照法定和章程规定的表决程序，决议仍可通过，也就是说构成该决议的多数意见是真实的，那么，伪造签名的行为属于会议表决方式存在瑕疵，该决议事项属于可撤销的范畴。第三，个别股东的签名是伪造的，而且股东会的决议事项是对该部分股东个人权利的处分，比如排除该部分股东取得分红的权利，那么该决议事项无效。

普法提示

每一个公司都是一个自治团体。通过认识股东会决议的“不成立”和“可撤销”就会发现，公司合规、有序的自我治理对实现长期、稳定经营有着深刻意义。

（一）履行正当程序确保决议效力稳定

公司是营利法人，具有法律拟制的人格。公司要形成有效的独立意志，不可能像自然人一样通过根据内心的真实意思做出表示来完成，而是需要通过履行正当程序来实现。所谓正当程序就是符合法律、法规和公司章程规定的召集程序、议事方式和表决程序。公司自治、资本多数决、股东平等保护等公司法基本原则也蕴含在这些程序规定之中。因此，正当地履行程序在公司内部规范治理中的地位至关重要。而《公司法》第二十二条第二款与《公司法司法解释（四）》第五条的规定，即体现了“否定以违法程序假借多数决的公正意思而成立的决议的效力”[①] 的精神。而违反正当程序的后果就是公司决议效力处于不稳定状态，将直接影响公司与外部主体的法律关系，也关乎公司内部的正常运转。

---

① 丁绍宽：《股东会瑕疵决议的效力研究》，载《法学》2009 年第 6 期。

（二）大股东掌握资本多数但不可“任性”

在股东会决议效力瑕疵案件中，最常见的情形就是大股东排斥小股东权利，利用掌握表决权多数推动形成决议。当然，在股权集中度高的公司，大股东的确掌握决定股东会决议的权力，但公司法所立足的正当程序和股权平等保护立场，关注的并非决议结果将如何，而是股东权利是否得到实现。毕竟小股东只能通过股东会投票的方式参与公司管理。他们最强烈的反对也只能是转让股权，离开公司。在这样的情形下，小股东通过参加股东会了解公司实情的意义就更加突出：小股东只有参加股东会才能通过表决行使管理性权利，或者判断是否离开公司，这一点在兼具人合性和资合性特征的有限责任公司中表现明显。而在股份有限公司，尤其是上市公司中，小股东的意愿更加难以通过股东会形成有效决议，这反而更加需要关注程序的正当性。公司大股东应当依法行使股东权利，尊重小股东权利，不可“任性”。否则，滥用股东权利损害公司或者其他股东的利益造成损失的，要依法承担赔偿责任。

（三）公司应妥善保存股东会会议材料

董事会作为股东会召集、主持的法定公司机关，掌握着股东会会议的各类材料，而股东却难以获得。因此公司董事会应妥善保存股东会会议的各类文件。一旦公司决议涉诉，股东主张公司决议不成立或申请撤销时，公司作为被告将承担初步的证明责任，需要提供证据证明会议的召集程序、议事方式和表决程序符合法律、法规和公司章程的规定，且相关证据应当提供原件。如果因为文件保存不善导致证明不力，就有可能承担败诉的不利后果。

同时，不只关乎诉讼中的胜败，公司妥善保管股东会材料也有利于推动公司规范内部管理，促使公司严格遵守法律和公司章程关于股东会或者股东大会会议程序的规定，提示公司董事会依法依章履行职责，更加致力于建构完善的股东会会议程序和档案保存制度，以避免决议效力受到影响。

案例四

变更有限责任公司法定代表人是否必须经代表三分之二以上表决权的股东通过？

——解析《公司法》第四十三条第二款的适用

石东[①] 贾凯迪[②]

众所周知，有限责任公司的法定代表人是根据《公司法》、公司章程的规定在特定范围内代表公司行使职权的自然人，一般由董事长、执行董事或经理担任。在司法实践中，在特定情况下法定代表人越权订立的合同也有可能被视为公司作出的行为，进而公司受该等合同约束，故在公司控制权的战场上，法定代表人是各路兵家必争之地。下面便是第二大股东和第三大股东，联手以股东会的形式将第一大股东推下法定代表人宝座的经典案例。

案情回顾

（一）风波骤起，二志联手除有财

2001 年 12 月 25 日，李有财等人设立了宏宏公司，该公司性质为有限责任公司，其中李有财占股 41.99%，李达志占股 23%，王大志占股 30%，孙建成占股 5%，姚婉婷占股 0.01%。董事为李有财、李达志、王大志。李有财任公司董事长兼法定代表人。

宏宏公司章程规定：本公司设董事会，成员为三人，由股东会选举产生。董事长为公司的法定代表人，选举李有财为公司法定代表人，由股东会选举产生。董事会决议的表决，实行一人一票。股东会会议由股东按照出资比例行使表决权。股东会会议作出修改公司章程、增加或者减少注册资本的决议，以及公司合并、分立、解散或者变更公司形式作出的决议，必须经代表三分

---

① 石东，北京市第二中级人民法院民四庭法官。

② 贾凯迪，北京市第二中级人民法院民四庭法官助理。

之二以上表决权的股东通过。股东会在其职权范围内作出的其他决议，应经代表半数以上表决权的股东通过。

2016 年 11 月 14 日，李达志提议召开临时董事会。当日，王大志、李达志签署董事会决议，该决议通过：（1）免去李有财董事长职务；（2）选举任命李达志为董事长；（3）确定于 2016 年 11 月 30 日上午 9 时召开临时股东大会，表决变更公司法定代表人。

2016 年 11 月 30 日，黄黄公证处对股东会进行现场公证，确认宏宏公司已履行了《公司法》和公司章程规定召开股东会议的通知义务，李达志（代表 23% 股份）、王大志（代表 30% 股份）二人出席会议，达到了公司章程规定的法定人数。该股东会会议由李达志主持，会议通过了以下决议：（1）同意董事会 2016 年 11 月 14 日董事会决议，免去李有财董事长职务，任命李达志为董事长；（2）同意免去李有财法定代表人，任命李达志为法定代表人。

（二）无力回天，有财戚戚败公堂

本案中，宏宏公司称根据变更法定代表人的股东会决议，宏宏公司的法定代表人已变更为李达志，故起诉要求公司原法定代表人李有财配合办理变更宏宏公司法定代表人的手续。李有财则辩称公司法定代表人的变更必须经代表三分之二以上表决权的股东签署通过股东会决议，涉案变更法定代表人的股东会决议因未达到上述表决权通过比例而不成立，宏宏公司的法定代表人并未变更为李达志，故请求驳回宏宏公司的诉讼请求。

一审法院经审理认为，我国《公司法》并没有对法定代表人变更事项的决议进行明确规定，宏宏公司章程对此也未作出特别约定，所以关于宏宏公司更换法定代表人的事项只要股东会的召集程序、表决方式不违反法律和公司章程的规定，并非必须经三分之二以上表决权通过。宏宏公司变更法定代表人的股东会会议符合《公司法》和公司章程规定的召集和表决程序，该股东会决议合法有效。在宏宏公司已变更法定代表人的情况下，李有财作为原公司法定代表人有配合办理变更宏宏公司法定代表人手续的义务，故判决支持宏宏公司的诉讼请求。李有财不服一审法院判决，提起上诉。二审法院经审理认为一审法院判决并无不当，应当予以维持，一审法院判决生效。

法理分析

通过上述案例可知，有限责任公司变更法定代表人并不要求必须经代表三分之二以上表决权的股东通过。但有几个问题需进行深入探讨：我国现行法律规定中，有限责任公司哪些事项的作出需要经代表三分之二以上表决权的股东表决通过？未将变更法定代表人纳入前述法定事项的原因是什么？公司章程是否可以对前述法定事项的表决通过方式进行变更呢？

关于有限责任公司必须经代表三分之二以上表决权的股东通过的股东会决议事项，现行《公司法》第四十三条第二款规定，股东会会议作出修改公司章程、增加或者减少注册资本的决议，以及公司合并、分立、解散或者变更公司形式的决议，必须经代表三分之二以上表决权的股东通过。为更好地理解上述条文的适用，有必要了解一下该条的立法沿革等方面。

（一）立法沿革

我国现行《公司法》第四十三条系自我国 1993 年、1999 年修正版、2004 年修正版《公司法》第三十九条规定的“股东会的议事方式和表决程序，除本法有规定的以外，由公司章程规定。股东会对公司增加或者减少注册资本、分立、合并、解散或者变更公司形式作出决议，必须经代表三分之二以上表决权的股东通过”和第四十条规定的“公司可以修改章程。修改公司章程的决议，必须经代表三分之二以上表决权的股东通过”演变而来。

比对自 1993 年设立的《公司法》至 2018 年修正后的现行《公司法》可知，其间虽历经四次修正，但对上述条文的表述并不存在本质性变更。

（二）理论辨析

在 1993 年颁布《公司法》之时，我国正处于新旧经济体制转型中，为保障各方的合法权益，基于有限责任公司之人合性特征，尊重公司自治原则，

《公司法》在立法时仅就股东会会议的议事方式和表决程序作出原则性规定，只对修改公司章程，增加或者减少注册资本，合并、分立、解散以及变更公司形式这四类属于公司重大事项之决议提出特别决议的法定要求。在不违反法律规定的基础上，为保障股东会议事和表决的有序顺利进行，允许公司章程制定相关具体的实施规范。

通过追溯前述规定的立法本意，可知在公司章程未作特别约定的情况下，除却第四十三条第二款所列举的修改公司章程，增加或者减少注册资本，公司合并、分立、解散或者变更公司形式这四类法定特别事项，必须经代表三分之二以上表决权的股东通过才得以使股东会会议决议生效。如公司章程未明确规定，就其他事项均适用普通决议程序，以充分尊重公司的独立地位和意思自治。

那么为何仅对修改公司章程，增加或者减少注册资本，公司合并、分立、解散以及变更公司形式这四类事项作出特殊决议的法定要求呢？由于公司章程，注册资本，公司合并、分立或解散以及公司形式这些事项的变动通常涉及公司财产的变化，可能会对公司的资本结构、组织机构乃至未来发展前景造成深远重大的影响，也可能会对股东的股东地位及公司控制权等权益造成影响，同时，这些事项的变化，还可能对公司债权人产生重大影响，故针对以上四类公司重大事项所进行的股东会会议决议，《公司法》规定必须经代表三分之二以上表决权的股东通过才得以生效，提高了股东会决议的生效标准，赋予少数股东否决权，避免出现控股股东损害小股东利益的情形，同时规定公司章程不能对此作出相反约定。

有观点认为，根据现行《公司法》第四十三条第二款的规定，股东会会议作出修改公司章程的决议，必须经代表三分之二以上表决权的股东通过；且根据现行《公司法》第二十五条的规定，有限责任公司章程应当载明公司法定代表人；同时根据现行《公司法》第七条和第十三条的规定，公司法定代表人变更，应当办理变更登记。故该观点主张，一旦公司法定代表人发生变更，势必会进入修改公司章程环节，进而适用现行《公司法》第四十三条第二款对特别决议事项的规定，要求必须经代表三分之二以上表决权的股东通过，故得出结论：变更法定代表人必须经代表三分之二以上表决权的股东通过。

我们认为，该观点是错误的。错误之处在于其将变更法定代表人的行为后果等同于修改公司章程，虽然变更法定代表人和修改公司章程二者之间存在逻辑上和事实上的前后因果关系，但仍应明确的是，变更法定代表人与修改公司章程系法律性质不同的两种行为，不可将变更法定代表人的法律后果与修改公司章程相混淆。

在司法实践中已有更多观点明确指出[①]，变更法定代表人事项不属于修改公司章程事项范围，理由是变更法定代表人在公司章程中仅体现为书面记载这种形式上的修改，而不涉及实质内容之变更，并且考虑到公司治理效率，如果在公司章程未对此进行特别约定的情况下，要求关于公司章程中所记载的任何内容之修改均需特别决议，不仅违反资本多数决原则，损害大部分股东的利益，还容易出现公司僵局，影响决议效率。故在公司章程未作特别规定的情况下，变更法定代表人不属于修改公司章程事项之法定特别事项，只要股东会的召集程序、表决方式不违反法律和公司自身章程的规定，即可采取普通决议标准，决议并不必须经代表三分之二以上表决权的股东决议通过才得以生效。

知识拓展

在彻底理解掌握本案所涉的变更法定代表人是否必须经代表三分之二以上表决权的股东通过这个问题及背后的法理基础后，一些勤学好思的“李有财们”可能会围绕变更法定代表人这个核心紧接着提出以下疑问，那么我们接下来将结合相关司法实践一一予以破解。

（一）出现何种情况，有限责任公司应当变更法定代表人？

在公司章程未作明确规定的情况下，根据《企业法人法定代表人登记管

① 详见（2019）陕0822民初609号、（2017）豫01民终13744号、（2017）鲁04民终456号等民事判决书。

理规定》第四条和第八条的规定，法定代表人任职期间出现无民事行为能力或者限制民事行为能力、正在被执行刑罚或者正在被执行刑事强制措施、正在被公安机关或者国家安全机关通缉、因犯有其他罪被判处刑罚且执行期满未逾三年、因犯罪被判处剥夺政治权利且执行期满未逾五年等情形的，公司应当申请办理法定代表人变更登记。

（二）有限责任公司变更法定代表人必须经股东会会议决议通过吗？

《企业法人法定代表人登记管理规定》第五条规定，企业法定代表人的产生、免职程序，应当符合法律、行政法规和企业法人组织章程的规定。同时第七条规定，有限责任公司或者股份有限公司更换法定代表人需要由股东会、股东大会或者董事会召开会议作出决议，而原法定代表人不能或者不履行职责，致使股东会、股东大会或者董事会不能依照法定程序召开的，可以由半数以上的董事推选一名董事或者由出资最多或者持有最大股份表决权的股东或其委派的代表召集和主持会议，依法作出决议。据此，关于有限责任公司变更法定代表人事项的议事程序应当符合公司法法律规范及公司章程的规定，在未作明确规定的情况下，变更法定代表人并非必须经股东会会议决议通过。

（三）公司在变更法定代表人决议作出之日起30日后还能否申请变更登记？

根据《公司登记管理条例》第三十条的规定，公司变更法定代表人的，应当自变更决议或者决定作出之日起30日内申请变更登记。关于公司未及时申请变更登记的法律后果，《公司登记管理条例》在第六十八条中明确规定，公司登记事项发生变更时，未依照本条例规定办理有关变更登记的，由公司登记机关责令限期登记，逾期不登记的，处以1万元以上10万元以下的罚款。由于法定代表人这一变更登记事项系公司登记机关对民事法律关系的确认，故公司在变更法定代表人决议作出之日起30日后仍可向公司登记机关申请办理变更登记，但存在承担前述法律责任的风险。

（四）公司在变更法定代表人决议作出后一直未进行变更登记，发生纠纷时，此时决议的效力如何？

有限责任公司在变更法定代表人的决议作出后一直未办理变更登记手续，通常会发生新旧法定代表人之争。在处理这类案件时，首先应区分所涉的纠纷是公司与股东之间因法定代表人任免而产生的内部纠纷还是与公司之外的第三人之间因公司代表权而产生的外部纠纷。如果系前者内部纠纷，由于股东会、股东大会或董事会任免法定代表人的生效决议系表决方作出的真实意思表示，对公司和股东具有约束力，未进行工商变更登记并不影响该任免决议的内部效力，故在公司内部产生法定代表人变更的法律效果。如果系后者外部纠纷，应依据公司法的登记公示公信力原则，以工商登记信息为准，公司不得以内部决议变更法定代表人为由对抗善意第三人。

（五）案件进入执行阶段后，能否申请禁止有限责任公司变更法定代表人？

现行立法并未对执行法院是否有权限制被执行人公司变更法定代表人进行明确规定，故执行法院无权要求工商管理部门不得办理被执行人公司法定代表人变更手续，亦无权限制被执行人公司变更法定代表人。虽然法律并未对执行阶段变更法定代表人的行为予以禁止，若存在原法定代表人利用变更法定代表人来规避执行的情形，申请执行人应积极调取并提供原法定代表人系经办人或实际管理公司等证据材料，以便于执行法官依据《最高人民法院关于限制被执行人高消费及有关消费的若干规定》第三条的规定，将原法定代表人认定为主要负责人或影响债务履行的直接责任人员或实际控制人，继续对其采取执行措施。

普法提示

我国现行《公司法》第四十三条第二款仅规定了有限责任公司股东会会

议应对修改公司章程，增加或者减少注册资本，公司合并、分立、解散以及变更公司形式这四类法定特别事项进行特别决议，而变更法定代表人虽然也反映了有限责任公司各路股东对公司控制权的争夺，但就该事项而言，其仅系对控制权争夺结果之书面记录，仍属于公司治理结构中股东自治的范畴，是公司经营事项中的一般事项而非重大事项，应首先按照有限责任公司的章程作出变更董事长或经理的董事会决议或股东会决议，在公司章程对此表决权无特别规定的情况下，通过股东会会议普通决议即可，无须经代表三分之二以上表决权的股东通过。

此外，值得再次强调的是，现行《公司法》第四十三条第二款所规定的修改公司章程，增加或者减少注册资本，公司合并、分立、解散或者变更公司形式这四类法定特别事项系必须进行特别决议的法定事项，股东会会议对上述事项的决议必须经代表三分之二以上表决权的股东通过，公司章程亦对此不能予以变更。

本案的李有财作为宏宏公司的第一大股东在公司控制权这场战役中落败，痛失法定代表人这块宝地，相信案外也有不少“李有财们”亟待增强对法定代表人的准确全面认知及风险防范意识。在此提醒各位“李有财”，速速收好以下妙计！

（一）未雨绸缪，防患于未然，全面规划公司章程内容

法定代表人在公司内部处于管理核心的地位，代表公司行使职权。在有限责任公司设立之时，为使公司控制权不落入旁人之手，出资占比多的大股东或者公司的实际控制人应抢占先机，积极委派己方人员担任法定代表人，同时在公司章程中应明确规定变更法定代表人的权力机关及表决权比例，防止日后因融资等原因导致对法定代表人职位失去控制。

（二）亡羊补牢，时犹未晚，在错失先机的情况下及时变更法定代表人

前述大股东或实际控制人若想重夺法定代表人宝座，应充分发挥其所具

备的表决权优势，严格遵守法律、行政法规及公司章程对变更法定代表人所作的相关规定，必要时可对股东会或董事会会议的召集程序和表决方式等进行公证，确保所作出的变更法定代表人的股东会或董事会会议决议合法有效。

（三）警钟长鸣，果断说“不”，切莫贪图一时虚名沦为替罪羊

一司之法定代表人虽看上去呼风唤雨、风光无限，但若公司存在超出登记机关核准登记的经营范围从事非法经营等法律禁止情形，损害国家利益或社会公共利益的，此时除公司承担责任外，法定代表人还可被给予行政处分、罚款，构成犯罪的还被依法追究刑事责任。因此应谨防被想要规避承担上述法律责任的别有用心者利用，成为名义法定代表人这一替罪羊。在名义法定代表人无法证明公司已推选出新的法定代表人的情况下，一些法院会坚持公司自治原则，拒绝司法权介入公司内部自治领域，对该名义法定代表人要求确认其不是法定代表人的诉讼请求不予支持。

案例五

法定代表人冒用公司名义提供的担保，算不算数？

——解析《公司法》第十六条关于公司担保的规定

韩耀斌[①] 张宏博[②]

市场经济活动中，公司为其他企业或者个人提供担保的现象非常常见，这对各类交易的拓展与稳定有着重要的积极意义。但随着公司对外担保的发展，一些不规范、不合法的公司对外担保活动也引发了众多的纠纷，在一定程度上对正常的市场交易秩序造成了干扰。因此，充分了解《公司法》关于公司对外担保的规定，规范开展公司担保活动，对切实保障公司股东和债权人利益有着深刻的现实意义。

案情回顾

（一）大股东“任性”“造”担保，子公司“无辜”惹官司

梅花股份有限公司有 8 位股东。其中，巨木集团有限责任公司出资比例为 61.5%，是梅花公司的大股东和实际控制人。

2006 年 4 月 30 日，巨木集团与财富银行签订借款合同，约定巨木集团向财富银行贷款人民币 1500 万元，借款期限为两个月。同日，梅花公司的法定代表人周董代表梅花公司与财富银行签订了两份《抵押合同》，约定梅花公司以其所有的国有土地使用权和一处房产作为抵押为巨木集团提供担保，担保范围包括但不限于上述贷款的本金、利息、罚息、违约金、损害赔偿金及实现债权的费用。上述抵押权于 6 月 6 日办理了抵押登记。6 月 8 日，梅花公司又向财富银行出具担保书，承诺对上述贷款承担连带保证责任，保证范围包括借款本金、利息、罚息、违约金及其他一切相关费用。同日，财

① 韩耀斌，北京市第二中级人民法院民四庭副庭长、法官。

② 张宏博，北京市第二中级人民法院民四庭法官助理。

富银行按照合同约定将1500万元贷款如数转入巨木集团账户内。贷款到期后，巨木集团未能偿还借款本息，梅花公司也没有履行担保义务。

然而，梅花公司其实未曾就上述担保一事召开过股东大会商议。为财富银行出具、同时作为抵押登记依据的《股东大会担保决议》并未经过梅花公司股东会的同意。所谓“决议”上有五家公司股东的盖章和一位自然人股东的签名。经鉴定，五枚印章中除巨木集团的印章是真的以外，其他印章均为虚假。

2008年6月，财富银行以巨木集团和梅花公司为被告提起诉讼，请求判令巨木集团偿还贷款本金及利息，并要求梅花公司对上述债务承担连带责任。

（二）假决议牵涉真合同，一、二审银行失担保

依照《公司法》第十六条的规定，公司如果要为自己的股东或者实际控制人提供担保，应当经过股东会的商议决定。并且，被担保的股东或者受被担保的实际控制人控制的股东，不可以参加这一事项的决议。只有得到出席会议的其他股东所持表决权的过半数支持，公司才可以为自己的股东、实际控制人提供担保。

因此，一审法院认为，财富银行获得的《股东大会担保决议》违反《公司法》规定，未经梅花公司股东会审议通过，属于无效决议。梅花公司法定代表人周董因此无权订立涉案的抵押合同及担保书，也就是说抵押合同及担保书系周董超越权限订立的。而这一情况，财富银行是知道，或者至少本应该知道的。理由在于，《股东大会担保决议》存在的问题十分明显，财富银行本可以很容易地审查出来。决议的问题主要表现在：部分印章里写的股东名称与股东真实名称有明显差别；有的股东早已变更名称，但印章里写的仍然是旧名称；而且被担保的巨木集团依法不应该参加该事项的决议，但其印章也在决议之中。因此，一审法院认为，财富银行没有认真履行自己的审查义务，对错误接受梅花公司担保的行为存在过错。最终，一审法院根据梅花公司和财富银行均存在过错的情况，判决梅花公司对巨木集团不能清偿部分的债务的一半承担赔偿责任。

财富银行不服一审判决提起上诉。二审法院经审理认为，梅花公司《股东大会担保决议》不具有真实性。财富银行应当对《股东大会担保决议》等资料从程序上、形式上进行审查，却没有尽到审查义务，对担保合同无效应当承担部分责任。因此，二审法院判决驳回财富银行上诉，维持原判。

（三）案件提审再起波澜，明确规则定分止争

财富银行对二审结果依然不服，向法院申请再审。经过审查，法院决定再审此案。在再审期间，财富银行向法院提交了一份新证据，是梅花公司股东会成员名单及签字样本，以此证明梅花公司提供给财富银行的股东会决议上的签字及印章，与办理担保登记时提供给财富银行的签字及印章样本一致。

法院再审认为，本案争议焦点是担保人梅花公司承担责任的界定。再审法院指出，梅花公司法定代表人周董是超越权限订立了抵押合同及担保书。根据《合同法》第五十条的规定①，财富银行是否知道周董超越权限签订合同，就决定了周董提供担保的行为是否能被视为梅花公司的行为。再审法院认为，梅花公司向财富银行提供的股东大会决议上的公司印章是真实的，法人代表人签名也是真实的。再结合财富银行提交的新证据，既然抵押担保在经过行政机关审查后已经办理了登记，决议上的签字、印章又与前述办理抵押登记时的样本一致，那么财富银行就有理由相信，周董的行为是真实地代表梅花公司实施的，不需要也不具备相应的能力进一步鉴别决议的真伪。所以，财富银行的审查义务已经完成，对决议的虚假是不知情的，那么周董代表梅花公司与财富银行签订抵押合同和担保书的行为也就是有效的。最终，再审法院撤销了一、二审法院关于担保书及抵押合同无效的认定，判决梅花公司对巨木集团的债务承担连带担保责任。

从财富银行起诉到法院再审宣判，此案历时近六年时间，经过三级法院

---

① 现为《民法典》第五百零四条："法人的法定代表人或者非法人组织的负责人超越权限订立的合同，除相对人知道或者应当知道其超越权限外，该代表行为有效，订立的合同对法人或者非法人组织发生效力。"

审理，判决结果发生重大转变，财富银行的心情也如同坐“过山车”一般“大起大落”，不过最终还是如愿以偿。那么，为什么再审法院撤销了一审和二审判决，作出了由梅花公司承担连带担保责任的判决呢?

法理分析

再审判决作出改判的根本原因在于，不同法院对《公司法》第十六条的理解存在分歧，这导致司法实践中对涉及公司对外担保案件的裁判思路和结果不统一。具体到本案中，对于被担保人对担保人的公司决议究竟要审查到什么程度，一、二审法院与再审法院显然有不同的认识。近年来，得益于经验的积累和研究的深入，人民法院关于《公司法》第十六条的认识逐步形成了一些共识。2019 年发布的《全国法院民商事审判工作会议纪要》对这一问题又作了进一步澄清。

（一）对法定代表人权限的限制：正确认识《公司法》第十六条

《公司法》第十六条是法律对公司为他人提供担保行为设置的限制性规定。公司为他人提供担保，必然处分自身财产，提升公司经营风险。一旦投资失败或需要履行担保责任，公司资本将面临减损，这对公司自身和公司的债权人、股东权益都将造成损失。《公司法》第十六条明确，公司为任何人提供担保必须由公司决议机关决定，不是任何人所能独立决定的。这样，依赖于股东、董事的集体决策和履行表决程序，法律促使公司在对外担保的决策上做到科学理性、行为恰当、避免风险，保护公司及其股东、债权人的利益。因此，这一条规定并不只是从公司内部管理方面来规范公司担保程序，更强调保护公司及相关主体的权益，是《公司法》的重要规则。任何主体在获得公司担保的时候，都需要注意这一程序要求。

而法人是法律拟制的“人”，其实质仍然是一种团体，开展任何活动都需要活生生的人代为执行。公司的法定代表人就是法律规定的，能够代表公司从事民事活动的负责人。一般情况下，法定代表人的意思就是公司的意思，法定代表人和公司合二为一。法定代表人以公司的名义实施诸如签订合同等行为，法律后果自然就由公司承担，相对人也可以基于法定代表人的身份相信法定代表人是在为公司行事。但法定代表人也可能为了一己之利损害公司利益，所以法律对法定代表人的权限设置了不少限制。《公司法》第十六条就包含了公司法定代表人在公司为他人提供担保方面的权限限制。

（二）合理确定债权人的审查义务：正确理解《民法典》第五百零四条

那么如果法定代表人违反《公司法》第十六条的规定，擅自以公司名义为他人提供担保，将在法律上产生什么后果呢？法定代表人的行为显然不是公司的真实想法，有可能损害公司的利益。但是如果因此认定公司不受担保合同的约束，又可能会让接受担保的相对人因为他人的过错而遭受损失，这又让相对人承担了太多风险。因此，要处理法定代表人超越权限的问题，必须平衡好公司与债权人的利益。

根据《民法典》第五百零四条的规定，债权人如果不知道并且没有理由本应当知道法定代表人提供的担保并没有得到公司的授权，那么法定代表人代表公司提供担保的行为就是有效的，他所签订的担保合同就由公司来承担。那么，债权人是否知道或者应该知道法定代表人越权，就成为认定担保关系能否约束公司的关键。“知道”或者“不知道”是一个事实，可以通过证据证明，但什么情况属于“应当知道”呢？结合《公司法》第十六条的规定，债权人应当按照法律的“指引”去审查公司决议，这也就意味着债权人没有理由未经审查就相信法定代表人可以代表公司提供担保。如果债权人未对公司决议进行审查，或者决议中存在着显而易见的作假痕迹债权人却没有发现，那么就可以认定他“应当知道”法定代表人的权限不足。这样，判断债权人是否“应当”的标准就成为债权人有没有对担保人公司的决议进行审查。

具体而言，《公司法》第十六条规定了两种公司担保情形：非关联担保和关联担保。不同情形下，债权人要审查的内容有所不同。

关联担保，即公司为公司股东或实际控制人提供担保，必须由股东（大）

会决议。在此情况下，债权人应当在订立担保合同时审查担保人公司的股东（大）会决议，并且注意以下三项内容：第一，被担保股东，或由被担保实际控制人支配的股东，没有参与事项的表决；第二，决议获得了出席会议的其他股东所持有的表决权超过半数的支持；第三，签字股东与公司章程规定的一致。

非关联担保，即公司为不是本公司股东、实际控制人的其他市场主体提供担保，需要由公司章程规定的机构——股东（大）会或董事会——作出提供担保的决议。而具体是哪个，法律留给公司自己在章程中规定。如果债权人知道担保人公司章程规定的决议机关，就应该审查这一决议机关的决议。但在一般情况下，债权人不掌握担保人公司内情，所以债权人只要对担保人公司股东（大）会决议或者董事会决议中的一个进行审查即可。审查时，应该确认决议获得了法定或者章程规定的多数票并且参与表决的人员确为公司章程载明的股东或者董事。

需要注意的是债权人审查的标准：债权人对公司机关决议内容的审查一般限于形式审查，包括审查决议中的股东或董事的名称是否与章程记载的名称一致，决议中股东或董事的出席人数、同意决议的人数是否达到法律、公司章程规定的数量等。至于决议存在伪造或者变造的情况、签字和印章虚假、担保金额超过限额等事项，均不能成为担保人公司主张债权人"应当知道"的理由。因此，案例中，《股东大会担保决议》存在的印章伪造等问题不可能被财富银行发现。正相反，财富银行使用盖有相同印章的文件成功办理了抵押登记，那么就更有理由相信担保决议是真实的。因而，再审法院依法认定财富银行已尽到合理的审查义务，最终判决梅花公司对财富银行承担担保责任。

知识拓展

通过前文的分析我们知道，法律对法定代表人的权限作了限制：只有经公司决策机关决议同意，法定代表人才能以公司名义为他人提供担保。否则，法定代表人的行为就属于超越权限的行为。此时需要根据获得担保的相对人，也就是债权人是否了解法定代表人越权来判断担保合同是否约束公司。但是在特殊情况下，上述规则也存在例外的情况。可以说，越权的担保行为可能产生多种不同的法律效果。

（一）债权人已做审查且不知越权：法定代表人行为有效，公司成为担保人

债权人如果在接受公司担保时已经对公司决议、章程等文件进行了认真的审核，在未发现问题的情况下接受了公司法定代表人提供的担保，那么就属于不知道，并且也不应当知道法定代表人超越权限的情况。此时，法定代表人超越权限的行为就被视为权限内的行为，担保合同的效力直接由公司来承担。担保合同如果符合相关法律的规定，自然有效，所以在一般情况下，公司按照担保合同的规定履行担保责任就可以了。

公司为债权人提供担保造成的财产损失，可以要求法定代表人承担赔偿责任。法定代表人超越权限签订担保合同，单方面承担义务，显然有违公司作为营利组织的宗旨，也违背了法定代表人为公司利益行事的职责，是一种滥用自身权利的行为，自然应当就公司损失承担责任。如果公司没有主张赔偿，公司股东可以依照法律规定直接提起诉讼要求法定代表人承担赔偿责任。

（二）债权人明知越权或未做审查：公司无责任，债权人与法定代表人分担责任

在订立担保合同时，如果债权人没有对担保人公司决议进行审查，或者对决议中显而易见的问题都没有发现，仍然接受了公司担保，那就意味着债权人应当知道公司没有提供担保的意图，担保是法定代表人超越权限提供的。债权人仍然接受担保的行为是自愿承担权利不受保障的风险。此时，更应该保护公司的利益，避免公司因此遭受损失。因此，公司不应该承担对债权人的担保责任。

但是这也不意味着公司不承担任何责任。法定代表人是公司的机关，即

使越权签订了担保合同，合同的一方主体也仍然是公司。如果公司对担保合同无效有过失，而债权人由于信赖合同能够成立而遭受了损失，那么公司应当就这部分损失承担责任。既然债权人未对决议进行形式审查，公司又存在法定代表人越权的问题，双方均存在过错，那么按照《民法典》第三百八十八条第二款及有关司法解释关于担保无效的规定[①]，公司承担民事责任的部分，一般不应超过债务人不能清偿部分的二分之一，但法院也会根据案件的实际情况进行调整。

如果债权人明确知道他所接受的担保没有经过担保人公司的决议，或者法定代表人提供的决议是伪造或者变造的，那么此时与债权人签订合同的只是一个徒有“公司法定代表人”身份的普通人，与公司毫无关联，公司不应该承担任何责任。

（三）特殊情形特殊处理：无需公司担保决议，仍由公司承担责任

在公司专业从事担保业务或者公司与主债务人之间存在相互担保等特殊情况下，债权人就不必再对公司决议进行审查，也就是说，即便债权人知道或者应当知道担保未获得公司机关决议，也应当认定担保合同符合公司的真实意思，由公司承担担保责任。

具体而言，第一种情况是，提供担保的公司是以为他人提供担保为主营业务的担保公司，或者是开展保函业务的银行或者非银行金融机构。对外提供担保是此类公司的日常经营事项、重要收入来源。与债权人签订担保合同是此类公司正常开展业务，没有必要再要求他们的公司机关对每次担保都作

---

① 《最高人民法院关于适用〈中华人民共和国民法典〉有关担保制度的解释》第十七条规定：“主合同有效而第三人提供的担保合同无效，人民法院应当区分不同情形确定担保人的赔偿责任：（一）债权人与担保人均有过错的，担保人承担的赔偿责任不应超过债务人不能清偿部分的二分之一；（二）担保人有过错而债权人无过错的，担保人对债务人不能清偿的部分承担赔偿责任；（三）债权人有过错而担保人无过错的，担保人不承担赔偿责任。主合同无效导致第三人提供的担保合同无效，担保人无过错的，不承担赔偿责任；担保人有过错的，其承担的赔偿责任不应超过债务人不能清偿部分的三分之一。”

出决议。第二种情况是，提供担保的公司是为直接或者间接控制的公司开展经营活动，而向债权人提供担保。在这种情况下，担保人公司所控制的公司的经营收益会通过股东分红等形式反馈到担保人公司自身。因此，为自己控制的公司提供担保其实是为自身牟利，方便扩大经营规模，所增加的经营风险有限，一般不会损害股东、债权人利益，因此可以不再经过公司决议。第三种情况是，公司与债务人之间存在相互担保等商业合作关系。公司与债务人之间相互担保，实现互惠互利、共同发展，符合公司自身利益，也不必再经过公司决议。第四种情况是，担保合同得到了单独或者共同持有公司三分之二以上有表决权的股东的签字同意。在非关联担保的情况下，可以认为这样的担保合同反映了公司的真实意图，即使公司就这项担保合同再召开股东（大）会商议，担保决议也极有可能通过。因此可以直接认可担保合同的效力，不必再要求公司作出决议。

普法提示

公司为他人提供担保，既可以提升债务人的履约信用，也为债权人提供了一重有力保障，但同时也对担保人公司的经营风险和资金充足产生影响。要充分发挥公司担保在市场经济中的积极作用，必须依赖公司和被担保债权人依照法律和公司章程的规定行事。公司法定代表人是担保行为的直接实施者，受到公司章程、制度的制约，而被担保债权人是公司法定代表人的接洽相对方。公司与债权人如果能形成合力，就可以推动公司担保活动的健康发展。

（一）获得担保记着“留神”：债权人应当谨慎履行审查义务

债权人获得公司提供的担保不需要支付对价，应该拿出精力对相关文件进行审查，避免担保落空，而且审查的负担也并不沉重。应该注意的是，在关联担保和非关联担保情况下，债权人的审查范围有所不同。

在公司提供关联担保的情况下，债务人就是担保人的股东或实际控制人，他们直接或间接参与公司治理，可以行使股东知情权获得公司章程、决议。那么，债权人应该要求审查公司章程和股东（大）会决议，并确认获得担保的股东或者实际控制人支配的股东没有参与表决，而决议的人数及人员也符合《公司法》和公司章程的规定，特别是决议至少应由出席会议的其他股东所持表决权的过半数通过。

在公司提供非关联担保的情况下，债权人应该要求公司法定代表人提供章程以及依据章程作出的公司决议。公司章程也可以通过企业公示信息查询或者第三方渠道获取。债权人对照章程和决议，判断作出决议的公司机关、签署决议的人数及人员是否符合公司章程的规定。

（二）公司经营不可“心大”：加强公司内部管理防范风险

要避免法定代表人滥用权力，擅自以公司名义为他人提供担保，公司就需要完善自身管理制度，将法定代表人的权力关进制度的“笼子”。一方面，公司应该严格规范公章的管理及使用，建立和完善印章保管和使用的制度，避免发生法定代表人或者实际控制人在未经公司决议通过的情况下利用公章冒用公司名义签订担保合同的情况。现实情况中，很多公司的法定代表人可以自由使用公司印章，缺乏机制监督，这自然就隐含着公司名义被冒用的巨大风险。另一方面，公司应当按照《公司法》的规定，在章程中明确规定非关联担保的决议机关究竟是股东（大）会还是董事会，并通过恰当的途径公示公司章程内容。这样既能规范公司为他人提供担保的审议程序，同时也提供了一种证明债权人未履行审查义务的途径：如果债权人审查的不是章程规定的决议机关的决议，那么就可以通过证明债权人了解公司章程内容，来说明其应当知道担保行为没有经过公司决议。一举两得，何乐而不为呢？

案例六

公司法定代表人能否“说走就走”？

——解析《公司法》第十三条法定代表人任免的规定

胡君[①] 李超男[②]

公司的法定代表人是代表公司并执行业务的人，根据我国相关法律法规的规定，公司法定代表人系公司应进行登记的事项之一，且当其发生变更时，应当及时办理变更登记。因此，公司法定代表人的身份与公司普通员工之间存在根本差异，当法定代表人因故需自公司离任时，亦与普通员工存在区别。法定代表人离任，除了需要解除与公司之间的劳动关系之外，还应当按照公司章程及法律规定完成免职手续，并进行工商变更登记。

案情回顾

（一）依公司章程，周法人担任白鹭公司法定代表人

白鹭公司系成立于2013年12月3日的有限责任公司，台港澳法人独资，注册资本3630万美元，法定代表人为周法人，股东为蓝天公司。白鹭公司2013年11月22日的章程第十五条规定：“公司设立董事会，董事会由五名董事组成，董事会成员由股东委派，任期三年，经股东继续委派可以连任。”第十六条规定：“董事长为公司的法定代表人，由董事会成员选举产生。”2015年6月1日，白鹭公司作出章程修正案，其中将2013年11月22日的章程第十五条修改为“公司设立董事会，董事会由七名董事组成，董事会成员由股东委派，任期三年，经股东继续委派可以连任”。

① 胡君，北京市第二中级人民法院民四庭法官。

② 李超男，北京市第二中级人民法院民四庭法官助理。

（二）身负债务，周法人请辞白鹭公司法定代表人

2017年9月2日，周法人通过邮箱向部分人员发送电子邮件，内容为，各位股东及董事会成员：由于目前的情况迅速恶化，大家也了解我身负的各种债务，随着门店的停业，所有债务会激化，目前已经处于崩溃状态，无法再处理公司事务，特申请辞去目前在集团所有职务，包括董事长、总经理，敬请谅解。

2017年9月23日，周法人向部分人员发送电子邮件，邮件的基本内容为，周法人表示在自己发出离职邮件后，公司关闭了他的OA系统和ERP系统，也未支付7月和8月的工资，将他社保减员，可以确认公司已经正式解除与他的劳动关系，不再担任任何职务，请各位股东尽快指定新的CEO。周法人声明其不再以法定代表人身份承担任何法律责任。

2017年9月26日，白鹭公司出具离职证明，内容为周法人（身份证号：×××）于2012年5月16日入职我公司，任总裁办CEO岗位工作，现因劳动者主动辞职，我公司于2017年9月2日与其解除劳动关系。

2017年10月16日，蓝天公司召开董事会会议，周法人参加了会议。会议审议了三项议题后，周法人在会议中提出，能否将法定代表人的身份一并予以更换。与会人员认为，上述事项将由公司及各方进一步商议后在后续的会议决议中予以明确。

（三）登记未变，周法人将白鹭公司诉至法院

周法人主张，他本人已经不再担任总经理等职务，丧失了对白鹭公司的经营管理权限，转而由许新新担任总经理，因此，现已经具备变更法定代表人的条件。

因白鹭公司一直未办理法定代表人工商变更登记，故周法人诉至法院，请求判令白鹭公司办理公司经理、董事长及法定代表人工商变更登记。

经审理，一审法院认为依照白鹭公司章程的规定，法定代表人系由董事会成员选举产生，如果变更法定代表人，亦应当由董事会作出罢免原法定代

表人、选举新任法定代表人的决议，而周法人在诉讼中并未提交该决议。虽然周法人主张自己已经与白鹭公司解除劳动关系，但由于董事是由股东委派，而非由公司聘任，故解除劳动关系并不意味着他已经不具有董事长的身份。而且，在蓝天公司召开的董事会会议中，与会人员均表示对周法人要求变更法定代表人一事另行召开会议进行商议，周法人对此亦表示同意。故一审法院判决驳回周法人的全部诉讼请求。

周法人不服一审判决提出上诉，二审法院判决驳回上诉，维持原判。

法理分析

（一）法定代表人请求法院判令公司进行法定代表人工商变更登记，是否属于法院民事案件的受理范围?

虽然前文列举的案例系法院受理的民事纠纷，但也可能会引发这样的疑问：公司具有独立的法人地位，法定代表人的任免应当属于公司自治的内容，为何属于法院受理民事案件的范围？公司登记系工商管理部门负责的事项，当事人对工商登记事项有异议，为何通过民事诉讼解决而非行政诉讼进行解决？

根据《民事诉讼法》第三条的规定，法院受理民事诉讼的范围包括公民之间、法人之间、其他组织之间以及他们相互之间因财产关系和人身关系提起的民事诉讼。在公司的日常经营管理中，公司对其内部事务享有意思自治的权力，也就是说，在符合相关法律法规的前提下，对业务经营、人员任免、管理设置等问题均享有充分的自主决定权，在未侵害其他人法定权益的情况下，司法无权过度干涉。公司法定代表人的选任亦是如此。通常情况下，对于选择谁担任公司的法定代表人、任职期限有多久、任职条件有何要求等事项，只要符合基本的法定要求，公司即具有充分的自主权进行决定，由此产生的争议通常属于公司内部商业经营问题，不属于人民法院受理民事案件的范围。但是这并不排斥当事人合法民事权利的行使，若公司的行为违反了相关法律法规的要求，法院仍然有权对相关纠纷进行受理。

请求变更公司登记纠纷即属于公司的“自治”行为超越了法律规定而产生的纠纷。请求变更公司登记纠纷一般指股东对公司登记中记载的事项请求予以变更而产生的纠纷，但是也并不排除法定代表人对公司登记事项产生异议而以此提起诉讼。根据《公司登记管理条例》第九条的规定，公司的登记事项包括：（1）名称；（2）住所；（3）法定代表人姓名；（4）注册资本；（5）公司类型；（6）经营范围；（7）营业期限；（8）有限责任公司股东或者股份有限公司发起人的姓名或者名称。《公司法》第十三条亦规定，公司法定代表人应依法登记，公司法定代表人变更，应当办理变更登记。

据此可知，公司法定代表人系公司应办理登记的法定事项之一，因变更登记产生的争议应当属于人民法院的受案范围。

在此，需要特别提示的是，关于请求变更公司法定代表人登记的纠纷，有民事案件和行政案件之分。诚然，公司的工商登记由工商管理部门负责，属于工商管理部门的行政行为。但这并不意味着所有与公司登记有关的纠纷都属于行政案件。就本文所涉案例来说，虽然表面来看，案件的原告是对其仍在工商登记中被登记为公司的法定代表人存在异议，但该情形并非由工商管理部门的过错导致，而是缘于公司未向工商管理部门及时申请办理变更登记。因此，该案件在本质上仍然是原告作为法定代表人与公司或与公司的股东之间的争议，而非对行政行为存在异议，故仍然属于民事案件的受案范围。

（二）法定代表人的诉讼请求想要得到法院的支持，应当满足哪些条件？①

公司法定代表人的主要职责是代表公司对外从事民事活动，因此法定代表人的产生和变更，不但需要依据公司内部决策程序确定选任和更换，还需要通过工商登记的形式对外进行公示。从公司层面来说，法定代表人的变更，

① 对于此类案件，目前实践中不同地区的裁判思路及认定标准存在差异。也有部分案例仅依据原法定代表人已从公司离职、不再具备担任法定代表人的资格而判定公司应办理变更登记。本文仅严格按照相关法律法规的要求，针对最理想的举证状态进行分析。

不仅需要免除现任法定代表人的职务，还需要确定新的人选，并办理变更登记手续，从而产生公司持续具有法定代表人的公示效果。

《公司登记管理条例》第三十条规定：公司变更法定代表人的，应当自变更决议或者决定作出之日起30日内申请变更登记。《企业法人法定代表人登记管理规定》第六条规定，企业法人申请办理法定代表人变更登记，应当向原企业登记机关提交：（1）对企业原法定代表人的免职文件；（2）对企业新任法定代表人的任职文件；（3）由原法定代表人或者拟任法定代表人签署的变更登记申请书。据此，进行法定代表人变更登记，以下两个条件必不可少。

1. 公司的免职文件

根据《公司法》的规定，公司法定代表人依照公司章程的规定，由董事长、执行董事或者经理担任。也就是说，公司法定代表人的选任条件、期限等事项，应当符合公司章程的规定。通常情况下，公司章程中一般会规定公司法定代表人由股东会选举产生或由董事会选举产生等。因此，法定代表人的离任，也应当按照公司章程规定的程序进行决议，而不能“说走就走”。法定代表人的离职，仅仅表明其与公司劳动关系的解除，并不能作为公司免去其法定代表人职务的依据，亦不能直接产生卸任法定代表人的法律效果。

2. 新法定代表人的任职文件

如果仅有免除原法定代表人的决议，而未选任新的法定代表人，则会导致公司的法定代表人出现空缺。虽然在正常的经营管理中，公司也可能因为原法定代表人死亡、失踪、丧失行为能力等情况陷入法定代表人空缺状态，但以上属于因客观事件发生的被动空缺，且此时公司亦应当及时选任新的法定代表人并办理变更登记。变更登记本质上应当是从“旧”到“新”的转换，若“新”尚不存在，那“变更”如何实现？因此，请求法院判令公司进行法定代表人变更登记，原告应举证证明公司就新任法定代表人的选任已经形成了符合法律规定及公司章程的有效决议。

（三）本案情形：尚不符合变更法定代表人的条件

本案中，依照白鹭公司章程的规定，法定代表人系由董事会成员选举产生，如果变更法定代表人，亦应当由董事会作出罢免原法定代表人、选任新任法定代表人的决议，而周法人在诉讼中并未提交该决议。且在白鹭公司的唯一股东即白鹭公司的母公司蓝天公司召开的董事会会议中，与会人员均表示对周法人要求变更法定代表人一事另行召开会议进行商议。因此，周法人主张进行公司法定代表人的变更登记，应当按照合法合规的手续、流程向公司董事会提出，由公司董事会作出决议。在未举证证明董事会已作出相关决议的情况下，周法人的诉讼请求不能成立。

知识拓展

（一）法定代表人的概念及定位

公司的法定代表人是代表公司并执行业务的人，其法律地位属于公司的常设机关[①]。

我国1982年颁布的《民事诉讼法（试行）》中即有法定代表人的表述，其中第四十四条第二款规定："企业事业单位、机关、团体可以作为民事诉讼的当事人，由这些单位的主要负责人作为法定代表人。"之后，《最高人民法院关于贯彻执行〈民事诉讼法（试行）若干问题的意见〉》对"法定代表人"的概念予以进一步解释："机关、团体、企业事业单位的法定代表人，应是该单位的正职行政负责人。没有正职行政负责人时，可以由副职行政负责人作为法定代表人，法定代表人有权按照民诉法的规定委托诉讼代理人。"这种以行政负责人担任法定代表人的思路直接贯穿到后续的立法活动中。1993年《公司法》第四十五条第四款规定，董事长为公司的法定代表人，以强制性规范的方法限制了公司自主决定法定代表人的权力。现行《公司法》则改变了这一做法，采用了在限定的范围内由公司章程规定的做法。

公司虽然是独立的法人主体，但是其本身并不能亲自执行决策及对外进

① 施天涛：《公司法论》（第四版），法律出版社2018年版，第383页。

行民事行为，因此，就必须选择自然人来代替公司进行民事法律行为，对外享有公司的代表权。公司的员工在通过职务行为开展商业活动时，同样可能产生对公司的“代表”，比如经过授权后，业务经理可以代表公司与相对方签订商业合同。但是法定代表人的代表权与此是不同的。首先，公司的法定代表人仅能有一个，且应当进行登记，而其他的代理人则可能有多个且不需要办理登记。其次，法定代表人就公司事务享有概括代理权，除非章程或决议对其代表权予以限制①。而普通职工的“代表”行为是受到职务范围、行使时间等条件限制的。

正是因为法定代表人在公司的日常经营中具有特殊的代表权，而工商登记又具有公示效力，因此对法定代表人的变更登记才尤其应当谨慎。

（二）法定代表人的选任与解任

根据《公司法》的规定，公司法定代表人依照公司章程的规定，由董事长、执行董事或者经理担任。因此，我国对公司法定代表人选任的规定实际上具有法定和章定的双重属性。一方面，公司章程可以自主规定法定代表人的选任事项；另一方面，法定代表人应当在法定范围内产生。

对于法定代表人选任的条件、程序等，《公司法》给予了公司充分的自主权。一般来说，公司章程可以规定法定代表人由董事会选举产生，也可以规定由股东会直接选举。由于公司章程是股东集体意志的体现，因此在一定程度上来说，法定代表人的选任无论章程如何规定，也仍然体现了公司股东的意志。就任职要求来说，公司可以限定法定代表人的任职条件，在不违反法律规定的情况下，也可以对法定代表人的离任作出限制，如应当进行离任审计等。而在现有法律规定下，法定代表人的人数仅能为一人。

法定代表人的解任可能有以下几种情况：第一，因章程规定的任职期限届满而退任。第二，法定代表人申请辞任。如前所述，辞任并不意味着法定

---

① 李洪健：《论公司法定代表人的制度功能与定位修正》，载《中国矿业大学学报（社会科学版）》2019 年第 4 期。

代表人“说走就走”，其应当根据公司章程的规定，向董事会或股东会提出，由公司作出有效决议后，方能解任。第三，章程规定的选任法定代表人的董事会或股东会解任法定代表人。同样地，解任程序应当符合公司章程的规定，且解任的同时应当明确新任法定代表人的人选。

实践中，部分公司在章程中可能仅对法定代表人的选任进行了规定，而未规定免职程序。一般来说，即便公司未对此作出特殊规定，法定代表人的解任也应当由公司依照任职程序作出有效决议。

（三）请求变更公司法定代表人登记得到支持的典型案例：陶法人诉黄鹂公司等请求变更公司登记纠纷

《黄鹂公司章程》第八章第二十八条载明“董事会设董事长1名，董事长为公司法定代表人，董事长由翠柳公司推荐的董事担任，由董事会选举产生”。第二十九条载明“董事任期届满未及时改选，或者董事在任期内辞职导致董事会成员低于法定人数的，在改选出新的董事就任前，原董事仍应当依照法律、行政法规和公司章程的规定，履行董事职务”。第三十六条载明“董事会会议应有三分之二以上的董事出席方可举行。会议召开前15日以书面或者其他通讯方式通知全体董事，并附会议议题及相关资料”。第三十九条载明“董事长在任期内发生调离、辞职、更换情况之一，应当进行离任审计”。

陶法人经翠柳公司推荐，担任黄鹂公司的董事长及法定代表人。后陶法人与翠柳公司解除劳动关系。

2017年12月20日，《黄鹂公司2017年第二次股东会传签决议》载明：“审议通过《关于变更公司董事的议案》，公司股东一致同意陶法人同志不再担任公司董事职务；公司股东一致同意谭一鸣同志担任公司董事。”同日《黄鹂公司2017年第一次董事会传签会议》载明：“审议通过《关于变更公司董事的议案》，公司董事一致同意陶法人同志不再担任公司董事长职务；公司董事一致同意选举谭一鸣同志担任公司董事长，自当选之日起，任期三年。”

现黄鹂公司实际管理履职人员为谭一鸣。因陶法人离职后，黄鹂公司一直未办理工商变更登记，故陶法人诉至法院，请求判令黄鹂公司及相关股东协助其在工商登记机关办理变更法定代表人的登记。

2019年6月28日，法院作出终审判决，判决黄鹂公司等在判决生效后十日内协助陶法人办理黄鹂公司法定代表人变更登记手续。

本案中，黄鹂公司的公司章程明确规定董事长为公司的法定代表人，由董事会选举产生。在陶法人离职后，黄鹂公司股东会、董事会均作出了相应决议，同意陶法人不再担任公司董事长职务，并同意选举谭一鸣担任公司董事长。上述决议虽然并未直接对公司法定代表人的选任作出明确，但是根据公司章程及相关决议可知，陶法人在黄鹂公司的任职已经终止，谭一鸣作为经公司有效的董事会决议任命的董事长，其担任公司法定代表人符合法律及公司章程的规定。因此，陶法人关于变更黄鹂公司法定代表人的诉讼请求符合法律规定，应当得到支持。

普法提示

（一）未及时办理变更登记，公司可能承担相应的法律责任

公司应当确保公司工商登记事项的真实有效，在工商登记事项发生变更时，应及时办理变更手续，否则将承担相应的行政责任。根据《公司登记管理条例》第六十九条的规定，公司登记事项发生变更时，未依照条例规定办理有关变更登记的，由公司登记机关责令限期登记；逾期不登记的，处1万元以上10万元以下的罚款。此外，在未及时办理法定代表人工商变更登记的情况下，公司还可能面临法定代表人以侵犯其姓名权或一般人格权为由提起的民事诉讼，可能需要承担相应的民事责任。

（二）公司应规范法定代表人任免程序

公司法定代表人的产生、履职及离任在不违反法律规定的情况下，均应当以公司章程为首要的直接依据。在法律相关规定的框架下，法定代表人既不能违反公司章程产生，亦不能随意离任。在公司股东（董事）会未作出变

更法定代表人的有效决议之前，法定代表人亦有继续留任的职责，不能按照自身意愿随意离职离任，在因法定代表人身份对自身生活产生影响时，才想起请求进行变更登记。

（三）担任法定代表人应增强风险意识

首先，在担任公司的法定代表人之前应当充分认识到可能产生的法律责任及法律后果。公司的法定代表人是公司对外活动的代表，其行为均可能对公司产生影响，其也可能因公司经营而承担相应的风险。如法定代表人可能因公司不履行生效法律文书确定的义务而被申请强制执行，被列入失信被执行人名单，公司涉嫌刑事犯罪或其他违法行为的，法定代表人还可能需要承担相应的刑事或行政责任。其次，公司法定代表人在迫不得已的情况下，一旦从形式及实质上脱离公司后，为避免承担不必要的法律风险及责任，应当第一时间书面通知公司自己已经不再是适格人选，按照公司章程的规定，请求选任新的法定代表人，并进行变更登记。此外，当事人也可向公司注册登记的工商管理部门发函，告知相关情况，并请求工商管理部门针对公司拒不进行变更登记的行为进行惩处。

案例七

谁能持有公司证照?

——公司证照返还纠纷所涉法律问题解析

李超男[1]

公司在经营过程中，至少应当拥有营业执照、公司公章、财务章等证照、物品，特殊行业的公司还必须拥有特许的证件执照。公司无疑是证照的所有权人，但其作为拟制法人，并不能通过自身实际行动做出法律行为，在实际经营中也不可能自行“持有”所有证照，而需要特定自然人或特定公司内部机关进行保管。公司证照作为对外代表公司意志及行为的重要证明，在公司内部发生控制权争夺时，自然成为各方奋力争夺的重要工具。此时，公司证照应当由谁保管，谁又能向非法占有人提出返还公司证照的诉讼请求成为该类案件中需要解决的核心问题。

案情回顾

(一)公司召开董事会，决议证照管理问题

春江公司成立于2008年6月13日，系中外合资有限责任公司，中方出资人为海平公司，外方出资人分别为香港的明月公司、潮升公司，注册资本500万美元，其中海平公司认缴出资额200万美元，占注册资本的40%，明月公司、潮升公司各认缴出资额150万美元，各占注册资本的30%，营业期限自2008年6月13日至2038年6月12日。公司经营范围包括氯化聚乙烯橡胶、氯磺化聚乙烯橡胶的生产，销售公司自产产品及技术进出口业务。

春江公司章程第十二条规定，合资公司设董事会，董事会是合资公司最高权力机构。公司章程第十三条规定，董事会决定合资公司的一切重大事宜，

① 李超男，北京市第二中级人民法院民四庭法官助理。

重大事宜需经出席董事会的全体董事一致同意方可作出决议，其职权主要有通过及修改公司的重要规章制度，决定聘用总经理和其他高级职员，合资公司合同、章程修改，其他应由董事会决定的重大事宜等。公司章程第十四条规定，董事会由7名董事组成，其中由海平公司委派3名董事，明月公司委派2名董事，潮升公司委派2名董事，设董事长一名，董事长由海平公司委派，董事长、董事任期四年，期满后继续委派可以连任。公司章程第十五条规定，董事长是合资公司的法定代表人，董事长因故不能履行其职责时，可以临时授权副董事长为代表。公司章程第二十条规定，出席董事会议的法定人数为全体董事的三分之二，不够三分之二时，其通过的决议无效。公司章程第二十一条规定，董事会每次会议，须作详细的书面记录，并由全体出席会议的全体董事签字，代理人出席时，由代理人签字，记录文字使用中文，该记录由合资公司存档。

春江公司董事会由7名董事组成，其中海平公司委派白江为董事长，郭流、白宛宛为董事会董事，潮升公司委派徐飞飞、茅天为董事会董事，明月公司委派刘芳、朱甸为董事会董事。后公司董事长变更为白宛宛，2009年10月28日，经工商行政管理局登记核准，原法定代表人白江变更为现法定代表人白宛宛。

2016年7月4日，春江公司在大会议室召开临时董事会，临时董事会通过2016年临时董事会决议，决议第六条规定："公司所有章（包括公章、财务章、合同章、出口销售章）的监管：采购保险柜存放公司办公室，保险柜密码由徐飞飞管理，钥匙由白宛宛管理。"

（二）徐飞飞偷开保险柜，拿走证照引纠纷

2017年1月24日，徐飞飞带领一名开锁匠来到存放春江公司印章、证照等物品的办公室，将办公室门上封条撕掉，进入办公室内，将存放印章、证照等物品的保险柜撬开，将公司公章、财务章、合同章、公司营业执照正副本原件、银行开户许可证、出口销售章拿走。

春江公司认为徐飞飞的行为严重损害了公司权益，影响公司正常经营，

造成公司损失，故诉至法院，请求：（1）判令徐飞飞立即返还原告公司的公章、财务章、合同章、公司营业执照正副本原件；（2）确认徐飞飞侵占公司印章、营业执照的行为违反公司董事会决议；（3）赔偿春江公司经济损失人民币 50 万元；（4）本案诉讼费用由徐飞飞承担。徐飞飞辩称他是应多数股东的要求，经董事会决议管理印章，因白宛宛等人妨碍其他股东合理行使诉权，才拿走了公司证照。本案起诉书仅有白宛宛签字，而未加盖公司公章，白宛宛无权代表春江公司进行本案诉讼。此外，白宛宛在徐飞飞拿走公章后，已经到公安机关办理了备案证明，刻制了相关整套印章，并登报申明原印章作废，开始使用新的印章，故原印章已不具备价值，无所谓返还一说。

经审理，一审法院认定，本案中，春江公司起诉的目的就在于要求公司董事徐飞飞返还公司公章，在法定代表人与春江公司公章分离的情况下，法定代表人白宛宛以春江公司名义作出的诉讼行为，应视为春江公司的诉讼行为。根据 2016 年 7 月 4 日春江公司董事会临时决议，公司相应印章、证照应当由徐飞飞、白宛宛共同管理，徐飞飞撬开保险柜，取走相关印章、证照行为违反了董事会决议内容，故徐飞飞持有公司的公章、财务章、合同章、公司营业执照正副本原件、银行开户许可证、出口销售章无合法依据，系不当持有。一审法院判决徐飞飞返还其非法持有的公司印章及证照。徐飞飞不服一审判决提出上诉，二审法院审理后判决驳回上诉，维持原判。

法理分析

（一）公司证照的范围

从性质上来说，公司证照是经政府有关部门向公司核发的、证明公司合法经营的有效证件，属于公司法人财产的一部分。公司证照不仅包含从字面意思可推定的公司营业执照，亦包括公司的各类公章等有关材料。

1. 公司印章

一般来说，提及公司的印章首先想到的即为公司的公章。对于经营规模较小、业务较为单一、结构简单的公司来说，通常仅有公司的公章即可满足日常经营管理的需要。但是对于部分内部机构复杂、所涉业务繁多的公司来说，在各项业务办理过程中，均使用公司公章则会带来极大不便，故其可能会根据实际需要另行刻制公司的财务专用章、发票专用章、法定代表人人名章、合同专用章、部门专用章等，项目时间长、标的大的公司还可能会刻制项目专用章。最常见的就是在建设工程类公司中，由于其各建设工程相对独立且持续时间较长，故为便于经营管理，会单独刻制项目专用章进行使用。

2. 各类证件

根据《公司法》的规定，设立公司，应当依法向公司登记机关申请设立登记。依法设立的公司，由公司登记机关发给公司营业执照。《公司登记管理条例》第三条规定，公司经公司登记机关依法登记，领取企业法人营业执照，方取得企业法人资格。自本条例施行之日起设立公司，未经公司登记机关登记的，不得以公司名义从事经营活动。根据上述规定可知，公司的营业执照是公司依法设立并进行经营活动的重要证件材料。公司营业执照载明了公司的名称、住所、注册资本、经营范围、法定代表人姓名等事项，是公司身份的证明，也是公司对外的“名片”[①]。此外，公司的重要证件还包括银行开户许可证、社保登记证等。特许经营行业、中外合资企业、中外合作企业等，除了一般公司经营中需要的证件外，还需要特殊的特许经营或批准文书等。这些证件都属于公司证照的范围。

3. 其他能代表公司的动产

除了公司的各类印章、证件外，一些其他对公司具有特殊意义、能够代表公司的动产也应当认定为属于公司证照的范围。但需要说明的是，虽然公司证照的范围不能局限于字面解释，但其含义同样也不应过分扩大。并非

① 公司的组织机构代码证、税务登记证也是公司的重要证件，目前部分公司的营业执照、组织机构代码证、税务登记证三证已经合为一证，即通常所说的“三证合一”，变为由一个部门核发，加载统一社会信用代码的营业执照。

所有对公司具有重要意义的动产都属于公司证照的范围。比如公司的业务合同、客户名单、投资清单、投资协议等文件以及银行对账单等会计凭证，虽然对公司的经营管理也具有重要意义，属于公司法人财产，但是并不具有对外代表公司意志的作用，不宜纳入公司证照的范围。对于因该类文件或动产产生的纠纷，还是应当通过民事诉讼中有关的物权纠纷进行解决。

（二）公司证照返还纠纷涉及的主体

1. 公司

公司作为企业法人，有独立的法人财产，享有法人财产权。公司证照作为专属于公司的重要财产，公司对其依法享有占有、使用及处分的权利。公司有权决定公司证照的保管方式及保管人。在公司的实际经营管理中，公司的证照可能实际由法定代表人、董事或其他高管人员持有，但其仅为证照的持有人或保管人，而非所有权人。当非经公司授权或认可的主体对公司的证照进行侵占时，公司作为证照的所有权人，有权作为公司证照返还纠纷的原告向侵权人提起诉讼。

2. 公司的法定代表人

通常，公司参加诉讼应当提交加盖公章的身份证明、授权手续及相应法律文书，但在公司证照返还纠纷中，诉讼的起因即可能为公司的公章被他人不当占有，故公司在诉讼时无法在起诉状及诉讼材料中加盖公章，而仅有法定代表人的签字。此时，对仅有法定代表人签字的材料应如何认定法律效力？不同于一般的公司员工或公司机关，公司的法定代表人是最基础的公司意志代表机关，代表公司从事民事活动。《民事诉讼法》第四十八条亦规定法人由其法定代表人进行诉讼。因此，在出现公司法定代表人与公章分离的情况时，法定代表人在诉讼文件上签名应认定为与公司公章具有同等效力。但需要说明的是，此时，案件的适格原告仍然应当为公司，法定代表人仅是公司诉讼意志的代表主体。

3. 公司股东

《公司法》第一百五十一条规定，公司的董事、高级管理人员或者他人侵犯公司合法权益，给公司造成损失的，符合法定条件的股东可以提起股东代表诉讼。在公司证照返还纠纷中，若股东认为公司的合法权益受到损害，而公司未能提起诉讼维护其权益，在满足股东代表诉讼前置程序的要求后，股东有权为了公司的利益以自己的名义直接向法院提起诉讼[①]。

（三）不当持有公司证照应承担的法律责任

《物权法》第三十四条规定[②]，无权占有不动产或者动产的，权利人可以请求返还原物。公司系证照的所有权人，因此不当持有公司财产的民事主体，无论是公司内部的董事、监事、高级管理人员、股东，还是公司以外的第三人，均应当承担相应的返还责任。

对于不当持有公司证照的主体，除了负有向公司返还不当持有的公司证照的责任外，公司还可能向其主张赔偿因其不当持有公司证照而给公司造成的损失。

（四）本案分析：公司证照的保管应遵守公司有关决议的规定

首先，本案中，因徐飞飞私自拿走了公司的公章等证照，导致春江公司在起诉书上无法加盖公司公章，仅有法定代表人白宛宛的签名。春江公司经

① 本书对股东代表诉讼问题设立了专门的章节进行论述，故在此不再对股东代表诉讼所涉及的前置程序、股东身份要求等问题展开论述。此外，对于股东代表诉讼是否可以适用于公司证照返还纠纷，目前也存在不同观点。有观点认为股东提起股东代表诉讼的条件为公司董事、监事、高级管理人员或他人对公司采取了侵权行为，并且给公司带来了损失。而实践中，对公司证照的侵占，往往是由于公司控制权的争夺或其他内部矛盾，这些侵占公司证照的行为一时未对公司产生实际损失，此时，侵权人应承担的是返还印章的责任，而非赔偿责任，故不能采用股东代表诉讼形式来维权。但笔者认为，在公司证照返还纠纷中，侵权人不当占有公司证照，可能会趁机以公司名义对外施行法律行为，损害公司利益，此时应当认定股东有权为了公司利益提起股东代表诉讼。公司利益是否受损、是否实际产生了损失应当是案件实体审理中查明的问题，而不能仅以公司存在内部矛盾为由而否认股东提起代表诉讼的权利。

② 现为《民法典》第二百三十五条："无权占有不动产或者动产的，权利人可以请求返还原物。"

审查批准机关批准的公司章程中规定，董事长由海平公司委派，海平公司委派白宛宛担任春江公司的董事长，并经过工商登记核准，故白宛宛系经工商登记的春江公司的法定代表人。公司的公章是公司对外作出意思表示的重要外在表现形式，但法律并未规定公章本身能够直接代表公司意志。因此，在公司公章被他人不当持有的情况下，白宛宛有权作为春江公司的诉讼意志代表，代表公司参加诉讼。

其次，根据春江公司章程规定，董事会是公司最高权力机构，董事会决定公司的一切重大事宜，重大事宜需经出席董事会的全体董事一致同意方可作出决议。根据春江公司 2016 年 7 月 4 日的董事会临时决议可知，公司的证照由徐飞飞和白宛宛共同管理，监管方式为采购保险柜存放公司办公室，保险柜密码由徐飞飞管理，钥匙由白宛宛管理。故徐飞飞擅自撬开保险柜，取走印章、证照的行为违反了董事会决议的内容，亦侵害了公司对证照的所有权，应当负有向公司返还相应证照的义务。需要说明的是，无论不当持有人所持有的证照是否已经被声明作废，对善意第三人而言，公章都是公司的表象，在他人不当持有的情况下，可能出现不必要的纠纷，故公司有权要求不当持有人予以返还。

对于春江公司请求徐飞飞赔偿其经济损失 50 万元的诉讼请求，因春江公司并未举证证明存在相关经济损失及损失与徐飞飞对相关印章、证照不当持有之间具有因果关系，因此该项诉讼请求不能得到法院的支持。

知识拓展

（一）公司证照返还纠纷产生的原因

1. 公司缺乏有效的证照管理制度

对于公司证照的持有及保管问题，《公司法》及其他有关法律规定中并未作出强制性规定，也就是说，对公司证照的管理完全属于公司自治的范围，公司有权通过公司章程或专门的管理性规定等方式，对证照的使用、持有、保管等问题自由进行约定。但在实际的经营活动中，部分公司内部治理制度不完善，可能存在多个管理人员之间共同保管、权责不清或公司证照取用不规范，公司人员可以随意取用公司证照等情况，导致公司证照丢失，且难以确定最后的持有人。

2. 原持有人离职未办理交接手续

公司人员交替是公司经营过程中的常见情况，一般员工的离职仅涉及个人所涉业务的交接，但是法定代表人、董事或高级管理人员等人员的离职，则可能涉及公司证照的交接问题，在交接过程中，可能会出现原持有人离职后仍然占有相关证照，拒不履行交接手续的情况，也可能会出现交接手续不规范，导致原持有人已经实际归还公司证照后，公司仍然向其主张返还的情况。

3. 公司内部出现控制权争夺

随着近代公司的发展，企业的所有权和经营权出现分离，股东作为公司的所有权人，往往并非公司的经营权人，公司的经营权由公司聘请的专业管理人员所享有。总体来说，股东和管理人员的利益是一致的，都期望公司获得更好的发展。但在具体的经营过程中，二者却可能会产生理念上的差异，从而引发纠纷。股东享有公司的最终控制权，但管理层却享有公司的直接控制权，当二者之间产生矛盾时，为取得对公司的实际控制，公司证照作为公司的表象则成为二者的“兵家必争之地”。此外，新旧法定代表人之间、创始股东与大股东之间等也可能会出现对公司控制权的争夺。

（二）公司证照保管义务人的确定

1. 有规定的从规定

公司有权利自行决定公司证照的保管及使用。在实际经营中，公司可以在公司章程中对公司证照的保管义务人进行明确。如果公司章程中没有规定，则应当由公司最高权力机关（一般为股东会或股东大会）对公司证照保管及使用事项进行决议。若章程中既无规定，公司也未对证照保管形成有效决议，但公司的有关管理及规章制度中对证照的保管及使用进行了明确，也可以依据相关规定对证照的保管义务人进行确认。

2. 没有规定的应进行合理推定

很多情况下，由于公司管理不规范，对于公司证照的有权占有人、不当占有人的认定缺乏相关规定，导致各方产生争议。根据《公司法》的规定，公司的法定代表人是公司对外行为的代表，可以代表公司的意志，且其作为公司应当进行登记的重要事项之一，对外亦存在公示效力，因此，当公司章程、制度、股东（大）会等均未对公司证照管理作出明确规定时，应当认为由法定代表人或其授权的工作人员负有公司重要证照的保管义务。此外，对于公司的财务章、合同专用章等证照，也可以根据公司有关主体的工作职责进行推定。

（三）公司证照返还纠纷中举证责任的分配

根据民事诉讼法的规定，当事人对自己提出的诉讼请求所依据的事实或者反驳对方诉讼请求所依据的事实，应当提供证据加以证明，但法律另有规定的除外。在作出判决前，当事人未能提供证据或者证据不足以证明其事实主张的，由负有举证证明责任的当事人承担不利后果。

在公司证照返还纠纷中，公司作为原告提起诉讼，请求被告返还公司证照，则公司首先应当证明其所请求的证照目前实际被被告所持有，即公司应当对被告的侵占行为进行举证。如提交公司证照管理的相关规定证明被告系涉诉证照的原管理人，提交领用登记等证明被告系涉诉证照的最后持有人或使用人，提交新的股东（大）会决议等证明公司已指定了新的证照管理人，被告丧失了持有证照的合法基础等。如果原告无法举证证明公司证照目前实际由被告持有，被告亦不属于证照的推定持有人，则原告关于证照返还的诉讼请求将难以得到支持。

此外，如前文所述，在此类纠纷中，原告除可以请求被告返还证照外，还可以向被告主张赔偿损失。但对此亦应当承担相应的举证责任，原告应当举证证明实际损失的金额以及损失与被告侵占行为之间的因果关系。

普法提示

（一）规范公司证照管理制度

公司证照管理规定虽然不属于公司章程中必须约定的内容，但是在公司的有效管理及风险控制中发挥着重要作用。证照管理的混乱不仅可能降低公司的经营管理效率，而且即便证照已经被声明作废，仍可能给公司带来法律风险。因此公司应当做好相应证照的登记备案手续，最好在公司章程中对公司的营业执照、公章等重要证照的保管义务人、使用要求等事项进行规定，并且针对财务专用章、发票专用章等证照的管理使用也制定专门的制度予以规范。同时，对于公司证照的交接要着重进行风险控制，严格履行交接手续，签署交接文件，以免出现公司证照丢失且难以确定持有人的情况。

（二）完善公司内部治理

公司证照返还纠纷很多时候缘于公司内部治理的矛盾以及控制权的争夺，其反映出的不仅是证照应当由谁持有的问题，更是公司应当由谁所有、由谁控制的争夺战。公司所有权与经营权、股东之间的矛盾难以从根源上消除，却可以通过优化公司架构，规范股东会决议程序，理顺“股东—管理者—员工”之间的关系来尽可能避免。具体来说，包括完善股东（大）会的议事程序，确保决议的有效作出；完善董事会的制度设置，设立薪酬委员会、投资委员会等专门委员会以完善公司的决策；完善监事会的组成及职能，形成董事会、监事会及股东（大）会之间的良性制衡。另外，当公司内部产生矛盾时，各方应秉持诚实信用原则进行协商，若协商不成，可采取合法手段维护权益，而不应采取侵占公司证照的不当行为。

（三）寻求多种方式进行救济

营业执照、公章等重要证照一旦脱离公司的控制，则可能产生巨大的法律风险，此时，公司必须及时采取多种方式寻求救济，以避免不必要的损失。

一方面，公司可以向不当持有证照的主体提起公司证照返还的诉讼，要求其返还证照。在此之前，公司也应当为诉讼做好充分准备，如及时选任相应的诉讼代理人、通过股东（大）会决议等免除持有人的保管权等。另一方面，对于短期内无法取回的公司证照，应当及时到登记机关办理挂失、作废手续，在相应报刊上作出声明，并适当地通知与公司存在业务往来的交易主体，从而尽可能地减少不必要的损失。

案例八

公司董事、高管可以自营与任职公司同类的业务吗？

——解析《公司法》第一百四十八条公司董事、高管违反忠实义务的体现

韩耀斌[①] 许晓晨[②]

在现代公司中，董事、高级管理人员都是公司的核心人员，在公司的经营与发展中扮演着至关重要的角色。我国《公司法》中也有单独的一章对董事、监事、高级管理人员的资格与义务进行了明确规定，其中第一百四十七条和第一百四十八条从正反两个方面对公司董事、高管的忠实、勤勉义务进行了具体规定。那么公司董事、高管的忠实、勤勉义务具体体现是什么呢？下面我们来看一则案例。

案情回顾

新新电机维修公司是一家成立于2003年的有限责任公司，注册资本500万元，钱多多是这家公司的原始股东，也是公司的董事。新新公司的经营范围包括电气设备修理；电气机械设备销售；机械技术咨询；交流服务；机械零部件加工；通用机械设备销售和机电设备安装服务。

2015年钱多多与案外人一起设立了如新公司，注册资本100万元，经营范围为：机械技术推广服务；节能技术开发服务；节能技术咨询、交流服务；机电设备安装服务；机电设备安装工程专业承包；其他办公设备维修；能源技术咨询服务；职业技能培训（不包括需要取得许可审批方可经营的职业技能培训项目）；机械配件批发；机械配件零售；商品批发贸易（许可审批类商品

---

① 韩耀斌，北京市第二中级人民法院民四庭副庭长、法官。

② 许晓晨，北京市第二中级人民法院民四庭法官助理。

除外）；集装箱维修；消防设施设备维修、保养；安全技术防范系统设计、施工、维修；汽车维修工具设计服务；医疗设备维修；电梯维修；日用电器修理及电气设备修理。

新新公司于2018年起诉至法院称，新新公司通过原先客户的举报，并通过调查发现了钱多多自行成立了如新公司并从事与新新公司同类的经营业务内容。从如新公司的工商登记信息可以看出，如新公司的经营项目基本已经涵盖了新新公司的所有经营项目，构成同业竞争。所以新新公司起诉至法院，要求判令钱多多自2015年2月4日起至判决生效之日止在如新公司处的工资薪金和分红收入归新新公司所有，收入参照当地城镇私营单位就业人员年平均工资计算为243344元。

钱多多辩称，如新公司与新新公司实际经营范围并不一致，所经营的并非同类业务，并不构成竞业禁止。钱多多认为其并未抢夺新新公司的商业机会，也没有与新新公司展开竞争。钱多多在如新公司经营过程中并无收入，所以要求法院驳回新新公司的全部诉讼请求。

一审法院经审理后认为，钱多多作为新新公司的原始登记股东、董事，属于公司高级管理人员的范畴，作为公司的高级管理人员应当在思想上效忠公司，在行为上以公司利益最大化作为指南。钱多多属于公司的高级管理人员，负有忠诚义务。钱多多在担任新新公司董事期间，共同出资成立了经营范围与新新公司的经营范围基本相同的如新公司，并担任法定代表人、董事的行为，明显属于竞业禁止的范围。钱多多违反董事、高级管理人员忠实义务，构成竞业禁止。钱多多应当立即停止损害新新公司利益的侵权行为。而且新新公司要求钱多多自2015年2月4日起至判决生效之日止在如新公司处的工资薪金和分红收入归新新公司所有，也有法律依据，所以一审法院判决支持了新新公司的诉讼请求。

钱多多不服一审判决，提出上诉，主张自己的行为未违反竞业禁止，也未在如新公司领取工资。二审法院经审查后认为一审法院判决认定事实清楚，适用法律正确，钱多多的上诉请求缺乏依据，最终判决驳回钱多多的上诉请求，维持原判。

本案中，法院认定钱多多的行为违反了竞业禁止限制。那么竞业禁止限制的对象包括哪些人员？什么样的行为会被认定为违反了竞业禁止？违反竞业禁止限制所获得的收入如何认定？对于这几个问题，我们将在下文深入介绍。

法理分析

公司董事、高管的竞业禁止限制体现在《公司法》第一百四十八条第五款中，具体规定为“未经股东会或者股东大会同意，利用职务便利为自己或者他人谋取属于公司的商业机会，自营或者为他人经营与所任职公司同类的业务”。

（一）竞业禁止的对象是公司董事、高级管理人员

公司董事是基于股东的信任由股东会或者股东大会选举产生的。董事组成董事会。董事会是公司经营决策机关，享有经营管理公司的权力。董事会的职权由董事集体行使。因此可以说，在法律和公司章程的范围内，董事被授予了广泛的参与管理公司事务和公司财产的权力。董事基于股东的信任取得了法律和公司章程赋予的参与公司经营决策的权力，就应当在遵循法律和公司章程的前提下，为公司的最大利益服务。为确保董事权力的正当行使，防止董事放弃、怠于行使权力或者为自己的利益滥用权力，保护公司利益和全体股东的共同利益，从法律上对董事的义务作严格的规定，以约束董事的执行公司职务的行为，是非常必要的。大陆法系和英美法系国家的法律都对董事规定了严格的义务。高级管理人员也在公司中处于重要地位，在法律和公司章程的范围内被授予了监督或者管理公司事务等职权。他们同样应当为公司的最大利益行使权力，对他们也应当规定严格的义务，以约束他们执行公司职务的行为。因此，《公司法》规定高级管理人员也负有与公司董事同样的义务。

（二）什么行为会被认定为违反竞业禁止限制？

竞业禁止指公司的董事、高管利用职务便利为自己或者他人谋取属于公司的商业机会，自营或者为他人经营与所任职公司同类的业务。那么公司董事、高管实施了什么样的具体行为会被法院认定为违反了竞业禁止呢？结合本案来说，新新公司与如新公司的营业执照记载内容并不完全一致，那么法院是如何认定钱多多违反了竞业禁止的呢？

事实上，公司营业执照上的经营范围是公司可能开展的业务范围，如果仅将竞业禁止范围限缩于实际经营范围，负有竞业禁止义务的主体就有机会利用公司资源为私利开展业务，剥夺公司开展其他业务的机会，使得公司不能开展经营范围内的其他业务，这与《公司法》设立董事、高管等人的忠实义务的制度目的是相违背的，故竞业禁止的业务范围应以营业执照载明的内容为准。新新公司、如新公司两者之间的工商登记信息重叠，营业范围具有较高相似性，业务内容亦高度相同，注册地、经营地、均属同一地区，属于同类经营。

所谓竞业禁止，是指对与权利人有特定关系之人的特定竞争行为的禁止。《公司法》要求公司董事、高级管理人员应当对公司负有忠实和勤勉义务，要求董事、高级管理人员在执行公司业务时或担任公司职位期间需全心全意为公司服务，以公司最佳利益为出发点行事，不得追求公司利益以外的利益，不得追求个人利益。因此，董事、高级管理人员对公司负有竞业禁止义务，即包含禁止自营或为他人从事与公司营业有竞争性的活动，也包含禁止利用职务便利谋取属于公司的商业机会。董事、高级管理人员未经股东会同意另行经营与所任职公司同类业务当然违反竞业禁止义务，损害公司现实利益或者可预见的预期利益或者有无与公司展开竞争均不是违背竞业禁止义务的构成要件。案例中，钱多多在担任新新公司董事期间，共同出资成立了经营范围与新新公司的经营范围基本相同的如新公司，并担任法定代表人、董事的行为，明显属于竞业禁止的范围。所以法院认定钱多多违反董事、高级管理人员忠实义务，构成竞业禁止。

（三）违反竞业禁止所得收入的判定

《公司法》第一百四十八条第二款规定，董事、高级管理人员违反前款规定所得的收入应当归公司所有。钱多多的行为违反了竞业禁止，那么他因此所得收入就应当归新新公司所有。但在钱多多否认因此获得了收入的情况下，钱多多因违反竞业禁止获得了多少收入，新新公司很难举证证明，那么法院对此是如何认定的呢？

前述案例中，新新公司要求钱多多自 2015 年 2 月 4 日起至判决生效之日止在如新公司处的工资薪金和分红收入归新新公司所有，收入数额参照城镇私营单位就业人员年平均工资计算。法院认为，钱多多的行为已构成对新新公司竞业禁止义务的违反，《公司法》明确规定高级管理人员、董事将违反忠实义务的收入、报酬归于公司。所谓归入权，是指公司可以要求董事、高级管理人员把其为个人利益或为他人利益而获得的竞业收入、报酬归于公司，把董事、高级管理人员竞业的交易，视为公司的交易。法律之所以赋予公司归入权，是因为针对董事、高级管理人员的竞业行为给公司造成的损失往往是潜在的，公司很难证明自己的实际损失，通过归入权的行使对违反竞业禁止义务的董事、高级管理人员予以惩戒，并补偿自己可能的损失。故新新公司要求以城镇私营单位就业人员年平均工资计算收入，亦是合理范围，予以确认。法院最终判决支持了新新公司的诉讼请求。

知识拓展

竞业禁止只是公司董事、高级管理人员对公司忠实、勤勉义务的一种具体体现，那么公司董事、高级管理人员的忠实、勤勉义务还包括哪些内容呢？

（一）公司董事、高级管理人员的忠实义务和勤勉义务

董事义务按内容的不同一般可分为注意义务和忠实义务两大类。注意义务又称为勤勉义务或善管注意义务，是指董事履行职责时，应当为公司的最

佳利益，具有一个善良管理人的细心，尽一个普通谨慎之人的合理注意。忠实义务，是指董事应当忠实履行职责，其自身利益与公司利益发生冲突时，应当维护公司利益，不得利用董事的地位牺牲公司利益为自己或者第三人牟利。国外有关公司的法律中规定的董事义务，基本上都属于这两类义务的范畴。监事、高级管理人员也在公司中处于重要地位，在法律和公司章程的范围内被授予了监督或者管理公司事务等职权。他们同样应当为公司的最大利益行使权力，对他们也应当规定严格的义务，以约束他们执行公司职务的行为。因此，《公司法》第一百四十八条规定监事、高级管理人员也负有忠实和勤勉义务。

该条对董事、监事、高级管理人员的忠实义务和勤勉义务的规定包含以下内容：（1）董事、监事、高级管理人员负有遵守法律、行政法规和公司章程的义务，在守法和遵守公司章程的前提下，履行忠实义务和勤勉义务，不得采取非法手段为公司牟取不正当利益，不得从事违法经营活动。（2）董事、监事、高级管理人员的忠实义务和勤勉义务是对公司承担的法定义务，而不是对单个或者部分股东所承担的义务。董事、监事、高级管理人员作为公司财产的监督管理者，应当为公司的利益，而不是为单个或者部分股东的利益，经营管理公司财产，监督公司财产的运营，保证公司财产的安全，实现公司的经济利益。

本条第二款规定了一项禁止性义务，即董事、监事、高级管理人员不得利用职权收受贿赂或者其他非法收入，不得侵占公司的财产。这项义务是忠实义务的一个具体内容。董事、监事、高级管理人员利用职权收受贿赂或者其他非法收入，侵占公司财产，是侵害公司利益的行为，违背了法定的忠实义务，必须予以禁止。

（二）公司董事、高级管理人员的哪些行为会违反忠实、勤勉义务？

1. 挪用公司资金的行为

挪用公司资金，是指公司的董事、高级管理人员占用公司的资金用于自己或亲友使用。此种行为直接将公司的资金挪作他用，严重影响公司的日常经营与运转，侵犯了公司、股东乃至债权人的合法权益，根本违背公司董事、高级管理人员对公司应遵循的忠实义务。

2. 将公司资金以其个人名义或者以其他个人名义开立账户存储

公司的董事、高级管理人员以个人或以其他人的名义开立账户存储公司的资金，实际是将属于公司的资金放到了个人名下，违反财务会计制度规定，易使公司的资金与个人混同，侵犯了公司作为独立的民事主体的财产权，不利于公司正常生产经营活动的开展，同样违背了公司董事、高级管理人员的忠实义务。

3. 违反公司章程的规定，未经股东会、股东大会或者董事会同意，将公司资金借贷给他人或者以公司财产为他人提供担保

此种行为也是公司董事、高级管理人员侵占公司财产的一种表现形式，是指公司董事、高级管理人员违反公司章程的规定，没有经过公司的股东会、股东大会或者董事会同意，就将属于公司的资金借给他人使用或者用公司的财产为他人提供担保。该行为是董事、高级管理人员处分了属于公司的资金，违背了对公司的忠实义务。

4. 违反公司章程或者未经股东会、股东大会同意，与本公司订立合同或者进行交易

公司的章程是公司股东的共同约定，是公司内部的自治规范，公司上至股东、董事、监事、高级管理人员下至公司员工均应依公司章程行事。公司的股东会、股东大会是公司的决策机构。公司董事、高级管理人员与公司订立合同或者交易，往往可能损害公司的利益，所以在违反公司章程的规定或者未经股东会、股东大会同意的情况下，公司董事、高级管理人员与本公司订立合同或者进行交易违背了忠实义务，应当禁止。

5. 未经股东会或者股东大会同意，利用职务便利为自己或者他人谋取属于公司的商业机会，自营或者为他人经营与所任职公司同类的业务

此条就是上文案例所涉及的竞业禁止的限制，也是典型的公司董事、高级管理人员违反对公司忠实义务的体现。

6. 接受他人与公司交易的佣金归为己有

公司与他人交易的佣金显然属于公司的财产，公司董事、高级管理人员无权将其据为己有。公司董事、高级管理人员为公司履行职务，公司会支付报酬。接受他人与公司交易的佣金是对公司的“不忠”。

7. 擅自披露公司秘密

公司在生产经营过程中会存在商业秘密，公司董事、高级管理人员作为公司日常经营的决策者、参与者，自然知悉公司的秘密。公司董事、高级管理人员若将公司秘密泄露出去，必将影响公司的生产经营活动与发展壮大，侵害了公司、股东的利益。上述行为显然违反了公司董事、高级管理人员应尽的忠实、勤勉义务。

8. 违反对公司忠实义务的其他行为

公司的生产经营活动多种多样，随着经济社会的发展，公司股东、高级管理人员侵犯公司权益，违反忠实、勤勉义务行为可能有着更多的表现形式，法律条文无法一一列举，故将其他违反忠实义务的行为一并予以概括。

普法提示

公司的董事、高级管理人员是公司治理结构中非常重要的一环，在公司经营发展中发挥着重要作用，既执行着公司决策机构的决定，又肩负着公司日常管理的重任。所以公司董事、高级管理人员应当对公司负有忠实、勤勉义务，不得作出有违忠实、勤勉义务之行为。那么如何保障公司董事、高级管理人员遵循忠实、勤勉义务？以下分别对公司、董事与高级管理人员、行业协会几方给出建议。

（一）完善管理，内部制衡

公司在日常经营管理过程中，不仅要注重业务的拓展，还应重视不断完善公司的内部治理结构，避免公司的权力高度集中，同时切实落实财务管理制度，使公司董事、高级管理人员客观上无法实施违背忠实、勤勉义务的行为。

（二）激励机制，奖惩分明

公司应建立健全对董事、高级管理人员的激励机制，可以从多方面对为公司作出重大贡献的人员进行奖励，使其付出与收获相适应，此举会从正面激励董事、高级管理人员，从而忠于公司。

（三）恪尽职守，尽心尽力

公司的董事、高级管理人员也应遵守法律规定与公司章程的约定，履行自身职责，为公司发展尽心尽力，遵守职业道德，避免违反忠实、勤勉义务。

（四）行业自律，自觉抵制

公司所在行业的行业协会等组织应充分发挥积极作用，自觉抵制违反忠实、勤勉义务的公司董事、高级管理人员，促进行业整体健康持续发展。

案例九

股东代表诉讼应履行什么前置程序？

——解析《公司法》第一百五十一条股东代表诉讼制度的适用

赵银豪[1]　梁志勇[2]

股东代表诉讼，也被称为派生诉讼、衍生诉讼和传来诉讼，它是指当公司怠于通过诉讼追究给公司利益造成损害的行为人的责任时，具备法定资格的股东有权以自己的名义代表公司提起的诉讼，该种诉讼所得赔偿归于公司。下面我们来看一则案例。

案情回顾

（一）禾生科技公司进行股金分红十余年，发放补助五十余万元

有限责任公司禾生科技公司成立于2001年4月13日，公司章程载明：公司注册资本为2000万元，股东为福米公司、欧阳力等40个法人及自然人，福米公司登记出资额为200万元。案件审理过程中，福米公司及禾生科技公司确认：注册时所有股东均未实缴资本，实际由中介机构代缴验资后即撤走。另，禾生科技公司的工商登记材料显示：英某、赫某和欧阳力均为公司董事，欧阳力任董事长，公司未设监事会，华某任监事。

禾生科技公司在2002年至2014年4月期间拟定《股金分红表》对其认可的股东分红，其中欧阳力所得分红款共计110万元。禾生科技公司还向其他股东发放分红款共计440万元。禾生科技公司以福米公司未实际出资为由，未向福米公司分红。2012年10月23日，禾生科技公司形成《董事会决议》，决定“1. 五险按实发工资上保险；2. 董事、监事每人每月6000元”。2012年10月起至2014年6月期间，禾生科技公司向相关人员发放补助款五十余万元。

---

① 赵银豪，北京市第二中级人民法院民四庭副庭长。

② 梁志勇，北京市第二中级人民法院干部处副处长。

2014年6月4日，禾生科技公司形成《股东代表会决议》，载明：本次股东大会为临时股东会，由公司董事会召集。参加人数24人，所代表的持股比例超过总股本金的三分之二（以实际出资计算）。《股东代表会决议》作出如下决定：（1）按是否实际出资来确认股东资格，对于虽然注册登记但未实际出资的股东撤销股东资格，不允许其以股东身份享有公司各项权益；（2）公司股东应以实际出资人及实际出资数额享有相应的股东权益，且对以往各年分红比例没有异议；（3）启动公司清算程序等。出席会议的股东22人签字，福米公司在被撤销股东资格的人员之内。

（二）福米公司提起公司盈余分配纠纷被驳回

福米公司曾以公司盈余分配纠纷为由将禾生科技公司诉至法院，要求禾生科技公司给付2001年至2014年4月期间的分红款400万元。2014年11月20日，法院认为禾生科技公司的股利分配问题并未由该公司的股东会或股东大会形成决议，该分红记录并非《公司法》上记载的盈余分配，福米公司主张盈余分配，不具备股利分配的实质要件与形式要件，裁定驳回了福米公司的起诉。

（三）福米公司提起股东代表诉讼再被驳回

福米公司曾于2014年12月4日向禾生科技公司的监事华某发函，主张董事长欧阳力未经股东大会同意，自行决定发放巨额资金，要求监事起诉董事长赔偿公司损失；并称该监事未回复其要求。随后，福米公司向一审法院起诉：请求判令董事长欧阳力退还自己分到的股东分红款和以补助形式领取的款项，赔偿禾生科技公司以股东分红款的形式发放给其他人员的分红款和以补助形式发放给监事及其他人员的款项。

欧阳力辩称：不同意福米公司的诉讼请求。禾生科技公司将公司的盈余分配给所有的入股股东，符合《公司法》关于红利分配的实质要件；福米公司虽然在工商登记中是禾生科技公司的股东，但经审计，福米公司并未实际出资，禾生科技公司有权撤销其股东权利，福米公司不享有盈余分配权。

第三人禾生科技公司述称：与欧阳力答辩意见一致。

一审法院经审理后认为，福米公司以欧阳力分配分红款及补助款的行为损害公司利益为由，提起本案诉讼。福米公司应当提交证据证明公司利益受损、被告存在损害行为以及行为与结果之间存在因果关系。本案中，福米公司提交的证据不足以证明公司利益受损情况，亦不足以证明前述行为与公司利益之间的关系，因此，对福米公司要求退还及赔偿分红款和补助款的全部诉讼请求，不予支持。一审法院判决驳回了福米公司的诉讼请求。

福米公司不服一审判决，提出上诉，主张一审判决认定事实错误、适用法律错误，禾生科技公司在未召开合法的股东大会的情况下，欧阳力擅自决定给自己高额补贴并给所谓股东分配利润，显然对禾生科技公司的权益造成了损害。二审法院经审查后认为：在本案中，《股金分红表》虽具有股金分红之名，但已经生效判决认定其并非《公司法》上记载的盈余分配问题，故不属于依据《公司法》规定需要由股东会审议批准的事项。此外，《董事会决议》中所作出的决议，应属于禾生科技公司内部管理事项，福米公司未能对欧阳力存在非法行为提供证据予以证明。福米公司提供的证据不足以证明欧阳力在执行禾生科技公司的职务时存在违反法律、行政法规或者公司章程的规定的情况从而给禾生科技公司造成损失，最终判决驳回福米公司的上诉请求，维持原判。

我国《公司法》第一百五十一条对股东代表诉讼问题进行了具体规定。那么股东代表诉讼的原、被告是谁？公司处于什么诉讼地位？什么情况下才能提起股东代表诉讼？股东代表诉讼有什么前置条件？

法理分析

股东将出资交给公司后即享有公司的股权，公司成立后独立于股东，具有独立的人格和财产，股东人格和财产与公司的人格和财产是各自独立而分离的，股东和公司均具有独立的债权债务关系，公司对外民事权利、义务和责任均由公司以自己的名义行使或者承受，包括公司的诉权应当由公司自己行使。但是由于公司的所有权和经营权分离，在特定情况下，公司的权益受到侵害，而公司经营管理者怠于行使诉权，特别是侵害源于行使公司经营管理权的人员时，这些代表公司行使权利的人很难决定以公司的名义起诉自己，由其返还从公司中获得的非法利益。由于这种诉讼是因侵犯公司利益引发的，与公司有直接利害关系，因此诉讼结果归于公司，但起诉不是以公司名义提起的，而是股东以自己名义提起的，因此称为股东代表诉讼。

（一）谁能提起股东代表诉讼？

在起诉资格上，现行法律将股东代表诉讼的适格原告规定为：（1）有限责任公司的股东；（2）股份有限公司连续 180 日以上、单独或者合计持有 1%以上股份的股东。从法律规定及法理基础来看，提起股东代表诉讼的股东必须满足"同期所有权"才能成为适格原告。所谓"同期所有权"，也就是在案件事实发生之时以及诉讼的整个过程中，原告股东均需要符合提起股东代表诉讼的条件。股东代表诉讼之所以要满足"同期所有权"规则，是为了防止滥用股东权利情况的发生。《公司法》第一百五十一条规定，"股份有限公司连续一百八十日以上单独或者合计持有公司百分之一以上股份的股东"才有资格提起代表诉讼，就是对原告股东资格的适当限制。在诉讼过程中，如果原告股东丧失股东资格，不再满足"同期所有权"规则，股东代表诉讼也应当终结诉讼程序。

如果原告股东在侵权行为发生时不具备股东身份，起诉时具有股东身份，能否提起股东代表诉讼？答案是肯定的，因为具有股东身份，是有限责任公司股东提起股东代表诉讼的身份要件，至于何时成为股东并不影响其起诉。《全国法院民商事审判工作会议纪要》对此进一步明确：股东提出股东代表诉讼，被告以行为发生时原告尚未成为公司股东，并据此抗辩该股东不是适格原告的，人民法院不予支持。

由于满足法定要件的公司股东均可以提起股东代表诉讼，故针对同一侵害公司利益的事实，可能存在多名股东提起诉讼的情况，此时诉讼中应如何处理？根据《公司法司法解释（四）》第四十二条的规定，此类案件在一审法庭辩论终结前，符合《公司法》第一百五十一条第一款规定条件的其他股东，以相同的诉讼请求参加诉讼的，应当列为共同原告。这样规定，可以使股东更具有代表性，分摊诉讼风险，更有助于查明案件事实。一审法庭辩论终结后，一般不再准许其他股东参加诉讼，因为股东代表诉讼的结果归属于公司，其他股东是否参加诉讼不影响案件的审理。①

（二）股东代表诉讼的被告如何确定?

我国股东代表诉讼，实际上确立了两种诉因。一是《公司法》第一百四十九条规定的“董事、监事、高级管理人员执行公司职务时违反法律、行政法规或者公司章程的规定，给公司造成损失”；二是《公司法》第一百五十一条规定的“他人侵犯公司合法权益，给公司造成损失”。《公司法》第一百五十一条对股东代表诉讼的被告没有作任何限制，凡是侵害了公司合法权益的主体，都可能成为股东代表诉讼的被告。因此，不仅仅是公司内部主体，公司之外的任意第三人，也就是凡是对公司实施了不当行为而致使公司利益受损的主体，即控股股东、实际控制人、其他股东、公司董事、公司监事、公司高级管理人员和公司外部主体均可以成为股东代表诉讼的被告。

但是，股东代表诉讼之所以被启动，一般都是董事会（执行董事）、监事会（监事）不配合的结果，如果公司组织机构能够代表公司起诉，就不会有股东代表诉讼。股东代表诉讼中，原告股东举证较为困难，因此对于股东代表诉讼的举证责任，要根据实际情况进行区别判断、合理分配。但无论是公司内部主体还是公司外部主体侵害公司利益，原告股东对侵害公司利益的事实都要进行初步的举证。

---

① 李国光、王闯：《审理公司诉讼案件的若干问题——贯彻新修订后的〈公司法〉的司法思考》，载最高人民法院民事审判第二庭编：《民商事审判指导》2005 年第 2 辑（总第 8 辑），人民法院出版社 2006 年版，第 73 页。

（三）公司在股东代表诉讼中的法律地位

公司在股东代表诉讼中处于何种法律地位？公司是股东代表诉讼的直接利害关系人，但是提起股东代表诉讼，缘于公司怠于行使诉权，公司不是该诉的发起人。虽然股东追求的胜诉结果，将由公司实际享有，但公司对诉讼没有积极性，列其为原告，显然并不利于诉讼的推进。当然，公司也不是原告股东主张利害关系的相对另一方，即不应属于被告。[①] 股东代表诉讼，是为了公司利益而起诉的，判决的效力直接约束公司、影响公司利益，诉讼结果由公司承担，公司系基于股东代表诉讼的特殊安排成为第三人。

（四）股东代表诉讼须满足法定的前置程序

股东代表诉讼行使的前提是公司组织机构在股东要求后拒绝向侵权人主张权利，也就是在公司内部自治组织失灵的情况下，符合一定条件的股东方能行使诉权。提起股东代表诉讼必须满足《公司法》第一百五十一条规定的请求公司机关提起诉讼被拒绝或者符合法定的豁免前置程序的情形。设置前置程序的目的在于，尽可能地尊重公司内部治理机制，鼓励股东对公司权益问题在公司内部启动正当程序予以解决，从而维护公司的独立人格、尊重公司的自主意志，同时也防止股东滥用诉权、节约诉讼成本。前置程序使公司能够了解股东诉求并自行与有关主体解决相关纠纷，避免对公司治理产生不当影响。具体来看，起诉董事需向监事会或监事而非董事会提出书面请求，起诉监事则需向董事会或执行董事而非监事会或监事本人提出书面请求。此规定意在通过公司内部机关的相互制衡，实现利害关系人的回避，避免利益冲突。

通常情况下，只有经过了前置程序，公司有关机关决定不起诉或者怠于提起诉讼，股东才有权提起代位诉讼。但该前置程序的设置，是针对公司治理形态的一般情况，并不是要求在所有的情况下都必须经过“书面请求公司

---

① 王东敏：《公司法审判实务与疑难问题案例解析》，人民法院出版社2017年版，第417–418页。

机关起诉”这一前置程序，对于确属股东申请无益，即客观事实足以表明公司监事会或监事、董事会或执行董事不可能接受股东的上述申请的情况，应当认定已经竭尽公司内部救济。例如，侵害公司利益的主体，既有董事，又有监事，那么在此类情形下，股东无论向董事会（执行董事）主张还是向监事会（监事）书面请求起诉，都无法实现该目的，为了及时维护公司的利益，应当免除股东的前置程序义务。

《全国法院民商事审判工作会议纪要》对此予以了进一步的解释。根据《公司法》的规定，股东提起代表诉讼的前置程序之一是，股东必须先书面请求公司有关机关向人民法院提起诉讼。一般情况下，股东没有履行该前置程序的，应当驳回起诉。但是，该项前置程序针对的是公司治理的一般情况，即在股东向公司有关机关提出书面申请之时，存在公司有关机关提起诉讼的可能性。如果查明的相关事实表明根本不存在该种可能性，人民法院不应当以原告未履行前置程序为由驳回起诉。除此之外，在“情况紧急、不立即提起诉讼将会使公司利益受到难以弥补的损害的”情况下，股东代表诉讼的前置程序亦可豁免，符合条件的股东无须履行前置程序即可直接以自己的名义提起该诉讼。

（五）本案情形

在本案中，福米公司以董事长欧阳力分配分红款及补助款的行为损害公司利益为由提起本案诉讼，福米公司系禾生科技公司登记在册的股东，其主张公司董事长欧阳力损害公司利益，系依据“董事、监事、高级管理人员执行公司职务时违反法律、行政法规或者公司章程的规定，给公司造成损失的，应当承担赔偿责任”提起诉讼，该诉讼符合股东代表诉讼的要件。福米公司在起诉前，曾经向公司的监事华某发函，要求监事代表公司起诉董事长欧阳力，但监事未在30日内予以答复，此时福米公司提起股东代表诉讼，已经满足了《公司法》所要求的前置程序条件。

但福米公司起诉，应当提交证据证明公司利益受损、董事长欧阳力存在损害行为以及行为与结果之间存在因果关系。福米公司证据不足，因此法院对其诉讼请求予以驳回。

知识拓展

股东代表诉讼是民事诉讼的例外情况，一般的民事诉讼，起诉主体或原告与诉因是有直接利害关系的，是自己的民事权益受到侵害或者与他人发生争议，股东代表诉讼中，起诉的股东与该民事法律关系是间接的利害关系。因此，《公司法》对股东代表诉讼设置了严格的前置程序，以期尽可能地尊重公司内部治理机制，维护公司的独立人格。公司内部治理机制作用的发挥，有赖于公司机关职权的正确行使。

（一）公司股东会（股东大会）的职权

有限责任公司股东会由全体股东组成，股东会是公司的权力机构，股东会会议由股东按照出资比例行使表决权；除非公司章程另有规定。股东会的议事方式和表决程序，除本法有规定的外，由公司章程规定。股东会会议作出修改公司章程、增加或者减少注册资本的决议，以及公司合并、分立、解散或者变更公司形式的决议，必须经代表三分之二以上表决权的股东通过。

股份有限公司股东大会由全体股东组成，股东大会是公司的权力机构，股东出席股东大会会议，所持每一股份有一表决权，但是公司持有的本公司股份没有表决权。股东大会作出决议，必须经出席会议的股东所持表决权过半数通过，但股东大会作出修改公司章程、增加或者减少注册资本的决议，以及公司合并、分立、解散或者变更公司形式的决议，必须经出席会议的股东所持表决权的三分之二以上通过。

《公司法》第三十七条对有限公司股东会的职权的规定同样适用于股份有限公司的股东大会。根据该规定，有限公司的股东会、股份有限公司的股东大会均可行使下列职权：决定公司的经营方针和投资计划；选举和更换非由职工代表担任的董事、监事，决定有关董事、监事的报酬事项；审议批准董事会的报告；审议批准监事会或者监事的报告；审议批准公司的年度财务预算方案、决算方案；审议批准公司的利润分配方案和弥补亏损方案；对公司增加或者减少注册资本作出决议；对发行公司债券作出决议；对公司合并、分立、解散、清算或者变更公司形式作出决议；修改公司章程；以及公司章程规定的其他职权。

（二）公司董事会（执行董事）的职权

有限责任公司董事会成员一般为 3 人至 13 人，股份有限公司董事会成员一般为 5 人至 19 人，董事会决议实行一人一票的表决方式。其中，两个以上的国有企业或者两个以上的其他国有投资主体投资设立的有限责任公司，其董事会成员中应当有公司职工代表；其他有限责任公司董事会成员中可以有公司职工代表。但是，股东人数较少或者规模较小的有限责任公司，可以不设董事会，只设一名执行董事，执行董事的职权则由公司章程规定。

《公司法》第四十六条关于有限责任公司董事会职权的规定，适用于股份有限公司董事会。根据该规定，董事会对股东会负责，行使下列职权：召集股东会会议，并向股东会报告工作；执行股东会的决议；决定公司的经营计划和投资方案；制订公司的年度财务预算方案、决算方案；制订公司的利润分配方案和弥补亏损方案；制订公司增加或者减少注册资本以及发行公司债券的方案；制订公司合并、分立、解散或者变更公司形式的方案；决定公司内部管理机构的设置；决定聘任或者解聘公司经理及其报酬事项，并根据经理的提名决定聘任或者解聘公司副经理、财务负责人及其报酬事项；制定公司的基本管理制度；以及公司章程规定的其他职权。

董事会职权中，并未对股东代表诉讼前置程序所要求的“监事有本法第一百四十九条规定的情形的，前述股东可以书面请求董事会或者不设董事会的有限责任公司的执行董事向人民法院提起诉讼”事宜进行专门的规定，但董事会作为对内掌管公司事务、对外代表公司的经营决策和业务执行机构，作为负责执行股东会或股东大会决议的日常机构，在公司监事执行公司职务时违反法律、行政法规或者公司章程的规定，给公司造成损失的情况下，代表公司提起诉讼维护公司的权益，是其应尽的义务。

（三）公司监事会（监事）的职权

有限责任公司和股份有限公司设监事会，成员均不得少于三人。监事会应当包括股东代表和适当比例的公司职工代表，其中职工代表的比例不得低于三分之一，具体比例则由公司章程规定。股东人数较少或者规模较小的有限责任公司，可以设一至二名监事，不设监事会。但无论是有限责任公司还是股份有限公司，董事、高级管理人员均不得兼任监事。

《公司法》第五十三条、第五十四条关于有限责任公司监事会职权的规定，适用于股份有限公司监事会。根据该规定，有限责任公司和股份有限公司的监事会、不设监事会的有限责任公司的监事行使下列职权：检查公司财务；对董事、高级管理人员执行公司职务的行为进行监督，对违反法律、行政法规、公司章程或者股东会决议的董事、高级管理人员提出罢免的建议；当董事、高级管理人员的行为损害公司的利益时，要求董事、高级管理人员予以纠正；提议召开临时股东会会议，在董事会不履行本法规定的召集和主持股东会会议职责时召集和主持股东会会议；向股东会会议提出提案；依照法律规定，对董事、高级管理人员提起诉讼；以及公司章程规定的其他职权。此外，公司的监事可以列席董事会会议，并对董事会决议事项提出质询或者建议；发现公司经营情况异常可以进行调查；必要时可以聘请会计师事务所等协助其工作，费用由公司承担。

《公司法》第五十三条关于公司监事会（监事）职权规定中的“依照本法第一百五十一条的规定，对董事、高级管理人员提起诉讼”，即股东代表诉讼中前置程序所要求的，股东应先请求公司机关提起诉讼，在该请求被拒绝后方可提起股东代表诉讼。当然，如果股东发现监事有《公司法》第一百四十九条规定的情形，则应该书面请求董事会或者不设董事会的有限责任公司的执行董事提起诉讼，履行股东代表诉讼的前置程序。

（四）小结——公司治理结构的分权与制衡

公司治理结构是一切公司治理机制设定和运行的基础，从治理机关设置、权责配置等方面来确定股东（大）会、董事会（执行董事）、监事会（监事）和经理层等不同权力主体之间的关系，明确权力边界。如果公司机关的职权配置不当，有可能导致大股东滥用股东权利，损害其他小股东利益，或损害公司利益；也可能导致董事会或经理层权力过大，损害公司和股东利益。因此，公司治理结构设计中必须重视权力制衡，以有限责任公司为例，我国《公司法》确立了公司内部治理机关的“三会”结构和“二元”模式，即公司股东会为公司的最高权力机构，股东会选举董事会和监事会；董事会和监事会相对独立分别对股东会负责，董事会为公司的执行机构执行股东会的决议，监事会对董事会进行监督并与董事会共同行使对公司经营管理层的监督权。

首先，股东会作为公司最高权力机构，由全体股东组成，有权对公司的一切重要事务作出决议，选举和更换非由职工代表担任的董事、监事。但是股东会却不是常设机构，仅以例行的会议或临时会议的形式行使职权，在股东会闭会后，股东只能通过有关参与权的行使，对公司的生产经营活动产生影响。其次，董事会是对外代表公司并行使经营决策权的常设执行机关，董事会内部的权力制衡主要体现在各董事之间不同职能的划分，如将董事会成员划分为执行董事和非执行董事（独立董事），将董事会的权力再细分下设若干个专门委员会等，以达到彼此分权制衡的效果。经理层则是董事会的辅助机关，服从于董事会的指挥和监督，负责公司具体事务执行和日常经营管理。经理层的职权范围来自董事会的授权，只能在授权的范围内对外代表公司。最后，监事会则是对董事会和经理层的经营管理行为及公司财务等进行监督的常设机构，是制衡董事会、经理层权力最重要的一环，监事会围绕监督和发现公司经营管理中是否存在违法、违规和违背股东利益的行为开展工作、履行职责。

普法提示

股东代表诉讼的目的在于，当公司的正当权益受到他人侵害，特别是受到公司控股股东或者实际控制人、公司董事会和高级管理人员等的侵害，而公司怠于行使诉权时，符合法定条件的股东以自己的名义为公司的利益对侵权人提起诉讼，请求返还公司利益，并追究相关人员法定责任。该制度既保护了公司股东合法权益，又强调了公司董事、监事、高级管理人员的责任和义务，成为公司治理制度的重要一环。

（一）公司股东应密切关注公司经营情况，及时行使权利

股东作为公司投资者和终极控制者，股东权利的行使直接关系着公司运作的顺畅乃至生存，公司的价值就在于实现股东利益的最大化，而股东利益的实现需要相应的制度保障。股东行使知情权、利润分配请求权、优先购买权、股东代表诉讼等股东权利，都是保护自己权利的重要途径。股东应当通过积极参与股东会（股东大会），充分行使股东知情权、委派董事等方式，密切关注公司的日常经营情况，了解是否存在公司被侵权的情形，及时采取法律手段保护公司和股东合法权益。

（二）公司董事、监事、高级管理人员应忠诚履职

公司治理就是要制约并规范董事、监事、高级管理人员的行为，确立公司管理层的信义义务和法律责任，从公司治理的角度来强化公司董事、高管的信义义务以及违反信义义务应当承担的民事责任，解决公司管理层对公司各利益相关者的法律责任，实现当事人之间的利益平衡。一方面应当通过法律、法规、公司章程等对公司董事、监事、高级管理人员的权责进行明确规定，通过激励机制对其进行正面的引导；另一方面也要加强对公司管理层履行职责的监督，防控公司董事、监事和高级管理人员利用职权，侵害公司利益。同时，在公司章程中，对于董事会（执行董事）、监事会（监事）等的职权，特别是在公司权益受到侵害时应采取的措施，应在《公司法》及相关法律的规定之外，予以更加细化和具体的明确，以便及时、高效地维护公司的合法权益。

（三）提起股东代表诉讼应严格按照法律规定履行前置程序

实践中，提起股东代表诉讼的一般都是中小股东，中小股东对公司的经营管理参与度普遍不高，意见和诉求容易被大股东、控股股东等出资比例较大的股东所代表。股东代表诉讼给中小股东权利保护提供了现实可能性，但客观上，基于个人利益的考量，不能否认存在股东权利被滥用的情形。一方面，中小股东如能通过自行诉讼实现诉讼目的，可提起以股东本身为原告的诉讼；另一方面，法律对股东代表诉讼设置了前置程序，设定了严格条件，股东提起股东代表诉讼时，应当严格依照法律规定进行，避免滥用“公司”之实提起诉讼，破坏公司内部治理结构，影响公司的正常经营管理。

案例十

有限责任公司股东何时能够请求公司收购其股权?

——解析《公司法》第七十四条有限责任公司回购股权的规定

赵桐①

案情回顾

(一)转财产股东欲退出

和平公司于2001年8月成立,为有限责任公司,主要经营房地产开发项目,注册资本为4500万元。股东为阿宇、阿杰、阿光,分别持股50%、40%、10%,阿宇为法定代表人。阿光实际出资340万元。和平公司在其经营过程中,自行开发了文苑工程项目。除自行开发房地产项目外,该公司还投资项目公司从事房地产开发。于2003年6月成立的健康公司,股东几经变更,于2011年11月由和平公司100%持股,健康公司开发了时代广场项目。成立于2005年9月的胜利公司,股东几经变更,于2011年12月由和平公司100%持股,胜利公司开发了东湖花园项目。成立于2007年4月的风光公司,由和平公司持股90%,另一股东钟某持股10%,风光公司开发了东方新城项目。

健康公司、胜利公司、风光公司开发的项目完成后,2015年1月13日,由和平公司的财务总监阿标进行测算,形成了《和平公司股东结算》。该结算对和平公司及健康公司、胜利公司、风光公司所开发的项目进行核算,确认阿光作为和平公司10%股东在四个项目中可分3232.99万元。此外,在上述项目中,阿光的利润为877.98万元,未交款为1266.37万元;另,阿光向公司借款302万元,实际出资款340万元,故阿光实际总结余为2882.60万元。

① 赵桐,北京市第二中级人民法院民四庭法官助理。

财务总监阿标、股东阿杰在《和平公司股东结算》中签字。

2015年9月2日，和平公司召开股东会会议，三个股东均出席，形成《股东会决议》，内容为："一、公司退出对健康公司、胜利公司、风光公司的控股，并向三家公司每家支付150万元补偿。二、在会计师事务所对本公司盈亏情况作出结论之后三个月内，拟定本公司股东盈亏分配及承担方案。"决议形成后，和平公司将在健康公司、胜利公司、风光公司的股权转让给他人。阿光对上述股东会决议内容的第一项投反对票。据此，阿光于2015年11月1日向和平公司发函，要求和平公司回购其股权，遭到公司拒绝，阿光遂诉至法院。

（二）价格合理法院判回购

阿光以和平公司转让主要财产为由，向一审法院起诉请求：判令和平公司以3332.60万元的价格回购阿光持有的和平公司10%股权。被告和平公司辩称，其没有转让公司主要财产，原告无权要求和平公司收购股权。三家公司的股东变更为和平公司，只是为了和平公司申请资质，和平公司没有支付相应的对价。资质申请完将股东变更回去，分别支付给三家公司的150万元，是对借用三家公司资产和项目作出的相应补偿，并没有恶意转移资产。第三人健康公司、胜利公司、风光公司述称，同意和平公司的答辩意见。

一审审理中，阿光提出司法鉴定申请，要求对和平公司及健康公司、胜利公司、风光公司实施会计司法鉴定，以查明净资产状况。和平公司收到法院要求其提供公司财务会计资料的通知后，申请延期一个月提交，但一个月期限届满后，和平公司仍未提供。一审另查明，阿光与和平公司曾就股东知情权发生过纠纷并向法院提起过诉讼。一审法院经审理认为，阿光请求和平公司收购其股权的条件成就，应予支持；其提供的股东核算表中已计取其实际出资款340万元，阿光要求以注册资本4500万元的10%另计450万元，不予支持。故判决和平公司以2882.60万元的价格收购阿光在和平公司10%的股权。被告和平公司不服，提起上诉。

二审法院经审理认为，《公司法》第七十四条赋予了对公司转让主要财产的决议提出异议的股东，请求公司回购股权的权利，是保护异议小股东权益的主要措施之一。本案中，和平公司形成股东会决议，转让对健康公司、胜利公司、风光公司的控股，并向三家公司各支付150万元补偿。关于该转让的财产是否构成和平公司主要财产，阿光向一审法院提出司法鉴定申请，要求对涉案四公司实施会计司法鉴定，以查明净资产状况。但和平公司在一审法院指定的期限内未能提供公司财务会计资料，根据证据规则，可以推定阿光认为涉案财产构成公司主要财产的主张成立。对于股权的价值，阿光提供了和平公司的财务总监阿标测算形成的《和平公司股东结算》。基于阿标财务总监的身份，其行为构成职务代理，所作出的《和平公司股东结算》可以作为和平公司股东结算的依据。和平公司否定该结算的效力，但未能提供证据予以反驳，法院不予支持。和平公司无证据证明其系借用健康公司、胜利公司、风光公司开发的项目提升房地产开发资质，对和平公司的该项主张，法院不予支持。综上，二审法院判决驳回上诉，维持原判。

本案中，法院判决和平公司收购股东阿光的股权。那么什么情形下，有限责任公司的股东可以请求公司收购其股权呢？

法理分析

（一）立法目的

《公司法》规定，股东会会议由股东按照出资比例行使表决权，章程另有规定的除外。这体现了我国公司制度中，权力运行的基本逻辑是资本多数决原则。在这种权力运行模式下，中小股东的意愿和权利有可能得不到充分的表达和保护，从而发生利益受到损害的情形。如在公司的重大决策表决时，中小股东与大股东意见相左，但不能影响决议结果；或大股东作为公司管理人员领取高额报酬，而不向其他股东分配利润等。因此，需要一种制度设计，使中小股东的利益得到保护，在与大股东产生重大分歧时，能够“选择以获得合理而公平的股份补偿的方式‘走开’，而不再受到‘多数决’形成的决议的约束”。[①] 公司回购股权制度应运而生。

公司回购股权制度，是指公司股东在公司的决定、行为严重损害或者可能严重损害其利益的情况下，请求公司购回其持有的股权的行为。[②] 在 1993 年《公司法》立法之初，对于公司资本不变原则的遵守较为僵化，有关股东权利保护的机制亦不完善，因此直到 2005 年《公司法》修订时，公司回购股权制度才被正式确立。《公司法》第七十四条针对有限责任公司回购股权规定如下：“有下列情形之一的，对股东会该项决议投反对票的股东可以请求公司按照合理的价格收购其股权：（一）公司连续五年不向股东分配利润，而公司该五年连续盈利，并且符合本法规定的分配利润条件的；（二）公司合并、分立、转让主要财产的；（三）公司章程规定的营业期限届满或者章程规定的其他解散事由出现，股东会会议通过决议修改章程使公司存续的。自股东会会议决议通过之日起六十日内，股东与公司不能达成股权收购协议的，股东可以自股东会会议决议通过之日起九十日内向人民法院提起诉讼。”

（二）回购情形

第一种法定回购的情形是，公司连续五年不向股东分配利润，而公司该五年连续盈利，并且符合《公司法》规定的分配利润条件。根据《公司法》第一百六十六条的规定，公司的税后利润应该按照下列顺序分配：弥补公司亏损、提取法定公积金、提取任意公积金（非强制）、支付红利。公司股东依法享有资产收益，有权按照其对公司的投资份额，通过公司盈余分配获得红利。当公司连续五年盈利，且在弥补亏损（如有）、提取公积金后仍有剩余利润，符合法定分配利润的条件，却连续五年不分红时，股东收益权的实现受到阻碍，投资公司的目的得不到实现，此时可以主张通过股权回购的方式退出公司。

---

① 最高人民法院民事案件案由规定课题组编著：《最高人民法院民事案件案由规定理解与适用》，人民法院出版社 2011 年版，第 385 页。

② 甘培忠：《企业与公司法学》，北京大学出版社 2014 年版，第 193 页。

第二种情形是，公司合并、分立、转让主要财产。上述事项的发生会改变公司赖以生存经营的主要财产，对公司的存续、发展有重大影响，可能导致未来经营的不确定性增加，改变股东的期待利益，从而影响到股东的投资目的和投资意愿，因此应为其保留退出的通道。实践中判断是否转让主要财产，要结合财产的质与量等多方面因素予以综合考量。法院生效判决认为，将转让主要财产列为异议股东提起股权回购之诉的事由，是由于不慎重地转让公司财产足以威胁公司的存在基础，对公司运营前景产生重大不利影响，并从根本上动摇股东对公司的投资预期。转让的财产是否是公司常规经营核心资产，该财产占公司资产的比例，转让财产的行为是否实质影响了公司设立目的及公司存续，是否影响了公司的正常经营等，是考量转让财产是否属于公司主要财产的因素。①

第三种情形是，公司章程规定的营业期限届满或者章程规定的其他解散事由出现，股东会会议通过决议修改章程使公司存续。当上述解散事由出现时，公司应该在解散事由出现之日起 15 日内成立清算组开始清算，但也可以通过修改公司章程使公司继续存续。修改公司章程属于特殊表决事项，需要经持有三分之二以上表决权的股东通过。此时，对于投反对票的股东而言，其在成立或加入公司时所认同和期待的公司经营期限已经发生了彻底的改变，不能强迫其跟随大多数股东继续经营公司。因此，这种情况下，该股东可以请求公司回购其股权，从而实现“按时”退出公司的期望。

（三）回购程序

根据《公司法》第七十四条的规定，股东请求法院判决公司回购股权，要履行前置程序。首先，股东应对股东会决议通过投反对票的方式表示异议。投反对票说明该股东对公司作出的影响自身利益或公司存续发展的重大决定持反对意见，与大多数股东就公司经营发生根本分歧，此时公司的人合性基础丧失，故有权请求回购从而离开公司。该规定意在要求异议股东将反对意

---

① 陕西省西安市中级人民法院（2014）西中民四初字第 00350 号民事判决书。

见向其他股东明示，非因自身过错未能参加股东会的股东，虽未对股东会决议投反对票，但对公司转让主要财产明确提出反对意见的，其请求公司以公平价格收购其股权，法院应予支持。[①]其次，股东会决议通过后，异议股东应先行向公司提出回购股权的请求，并与公司协商回购价格等具体事项。若公司不同意回购，或双方就回购价格等不能达成一致，方可向法院起诉。最后，决议通过60日内协商不成的，股东可自决议通过之日起90日内向法院提起诉讼。该90日的规定属于除斥期间，不适用中止、中断情形。根据《最高人民法院关于适用〈中华人民共和国公司法〉若干问题的规定（一）》（以下简称《公司法司法解释（一）》）第三条规定，原告以《公司法》第七十四条第二款规定事由起诉，超过规定期限的，法院不予受理。

（四）本案情况

本案中，根据和平公司在2015年9月2日形成的股东会决议，公司退出对健康公司、胜利公司、风光公司的控股，并向三家公司每家支付150万元补偿。三家公司与和平公司的营业范围一致，均为房地产公司，且皆有主要经营开发的楼盘项目，公司的退出行为，系将拥有的上述公司的控股股权进行转让，构成了公司转让主要财产。阿光作为公司股东，对该项决议投反对票，依法有权要求和平公司回购股权。关于阿光所持10%股权的价值问题，阿光向法院提供了和平公司股东阿杰及财务总监阿标签字的股东核算表，和平公司不予认可；阿光又向法院申请对和平公司的净资产进行司法会计鉴定，以确定其股权价值，和平公司未在法院指定的期限内提供财务会计资料进行鉴定核算，视为放弃举证权利。故法院以阿光提供的核算表为依据认定回购价格。综上，法院支持阿光提出要求和平公司收购其股权的诉讼请求。

---

① 《袁朝晖与长江置业（湖南）发展有限责任公司请求公司收购股份纠纷案》，载《中华人民共和国最高人民法院公报》2016年第1期，http://gongbao.court.gov.cn/Details/601441031f73fb83b6c2e4d3328d65.html，最后访问日期：2020年3月26日。

知识拓展

前面已经介绍了股东可以请求有限责任公司回购股权的三种情形。那么，除了上述的法定情形之外，股东与有限责任公司之间是否可以通过约定，在某些情况下由公司回购股东的股权呢？

从立法层面看，《公司法》第七十四条设在第三章“有限责任公司的股权转让”之下，通过列举的方式规定了股东可以请求有限责任公司回购其股权的三种情形，并无强制性规定。而在《公司法》第五章“股份有限公司的股份发行和转让”下，第一百四十二条关于股份有限公司收购公司股份的规定为“公司不得收购本公司股份。但是，有下列情形之一的除外”，属于强制性规定。可以看出，《公司法》对股份有限公司回购公司股份是以禁止为原则、回购为例外，而对有限责任公司回购公司股权则并未明文禁止。由于有限责任公司较股份有限公司的封闭性强、股权流动性差，因此立法上给予有限责任公司股东更多自由协商的空间。根据“法无禁止即自由”的原则，并不应该否认当事人之间约定的股权回购安排。且《公司法司法解释（二）》第五条亦有规定，当事人协商同意由公司或者股东收购股份，或者以减资等方式使公司存续，且不违反法律、行政法规强制性规定的，人民法院应予支持。

从司法层面看，实践中股东通过有限责任公司回购股权的方式退出公司，并不仅限于《公司法》第七十四条所列的情形。在沛县某房地产开发有限责任公司与叶某股权转让纠纷申请再审案中，公司股东会决议为开发新项目进行内部增资扩股，因股东叶某表示异议，公司遂与其签订股权回购协议，约定公司回购叶某所持 10% 股权，公司向叶某支付了部分转让款，叶某向法院起诉索要余款。最高人民法院经审理认为：“公司的成立本身就是股东意思表示一致的结果，公司存在的意义不在于将股东困于公司中不得脱身，而在于谋求股东利益最大化。在股东之间就公司的经营发生分歧，或者股东因其自身原因不能正常行使股东权利时，股东与公司达成协议由公司回购股东的股权，既符合有限责任公司封闭性和人合性特点，又可打破公司僵局、避免公司解散的最坏结局，使得公司、股东、公司债权人的利益得到平等保护。《公司法》允许公司与股东在公司解散诉讼案件中，协商由公司回购股东股份，以打破公司僵局，使公司保持存续而免遭解散，那么允许公司与股东在公司僵局形成之初、股东提请解散公司之前，即协商由公司回购股份以打破公司僵局、避免走向公司解散诉讼，符合《公司法》立法原意。”[①]

需要注意的是，公司回购股权要及时办理减资手续，否则构成抽逃出资。《公司法司法解释（二）》第五条第二款规定，经人民法院调解公司收购原告股份的，公司应当自调解书生效之日起六个月内将股份转让或者注销。2019年的《全国法院民商事审判工作会议纪要》第五条第二款认为，“投资方请求目标公司回购股权的，人民法院应当依据《公司法》第35条关于‘股东不得抽逃出资’或者第142条关于股份回购的强制性规定进行审查。经审查，目标公司未完成减资程序的，人民法院应当驳回其诉讼请求”。

普法提示

有限责任公司回购股权制度是在“资本多数决”的情况下，赋予中小股东或少数股东维护自身权益的救济措施的制度设计。[②]在《公司法》第七十四条规定的特定情形下，对公司的相关重大决定有异议的股东，可以请求公司支付其股权的合理价格使其退出公司。在公司不同意的情况下，该股东有权向法院提起诉讼。实践中，股东行使该项权利应注意以下三点：

一是明确表示自己的反对意见。法律规定投反对票的股东才有资格起诉，因此对于自身不赞同的股东会会议表决事项，不能意气用事，如不参加会议或不参与表决。须知，反对意见也是很重要的表达。如果该股东在股东会决议上勉强表示赞同或干脆弃权，事后又以不同意公司该项决定为由要求公司回购其股权，则法院不能支持。如非因自身过错未能参加股东会，在获知决议内容后，也要及时提出异议。

---

① 最高人民法院（2009）民申字第453号民事裁定书。

② 《中华人民共和国公司法注释本》，法律出版社2014年版，第45页。

二是优先与公司进行积极协商。法定的回购事由出现后，股东应首先向公司请求回购股权，协商不成的，再向法院起诉。有限责任公司具有较强的人合性基础，法律赋予其更多的自治权，双方通过协商来确定回购价格和条件等具体细节，具备更多的弹性空间，有利于达成双赢的局面，从而节约双方成本，提高社会效率。

三是加强对所主张回购价格的举证。公司回购股权的“合理价格”，在每个案件中都有其特定的情况，实践中主要依据举证责任或司法鉴定来确定。如一方主张通过双方之间的结算单、公司的资产负债表、司法鉴定等方式进行确认，而另一方没有其他证据推翻或不提供账册等会计资料进行鉴定则将承担不利后果。因此，应加强证据的收集和留存，积极证明股权价值，从而维护自身的合法利益。

案例十一

“有限责任公司”股东的责任是否一直“有限”？

——解析《公司法》第二十条第三款关于公司人格否认的规定

周维[①] 张笑文[②]

公司人格独立和股东有限责任是公司法的基本原则，然而，在特定情况下，为矫正对债权人保护的失衡现象，公司的独立人格可能遭到否认，进而突破股东有限责任，使股东直接对公司债务承担责任，被形象地称之为“刺破公司面纱”。这原是普通法系在案例法基础上发展起来的一项制度，后被大陆法系所继受，我国2005年《公司法》也将其引入。那么，具体在何时能够否认公司的独立人格呢？让我们由一则案例入手展开讨论。

案情回顾

爱美公司是一家成立于2016年的有限责任公司，主营业务为开设加盟美容院，注册资本总额为22万元，股东为于霞、杨然，其中于霞认缴11.22万元，占股51%；杨然认缴10.78万元，占股49%。章程规定出资应于2046年12月31日前缴足。

在公司经营管理方面，于霞担任法定代表人、总经理，杨然担任董事长。在公司财务方面，爱美公司虽已有一个银行账户，但平时仅用于缴纳社保和公积金，公司的日常收入和支出都是通过杨然尾号为“111”的银行账户和于霞尾号为“222”的银行账户来处理。此外，爱美公司没有独立的财务会计账目。

2017年至2018年，于霞通过其尾号为“222”的银行账户向爱美公司账户转入11.22万元，杨然通过其尾号为“111”的银行账户向爱美公司账户转

---

① 周维，北京市第二中级人民法院民四庭法官。

② 张笑文，北京市第二中级人民法院民四庭法官助理。

入 10 万元，于霞、杨然及爱美公司均主张，这些款项是于霞、杨然对爱美公司缴纳的出资。目前，爱美公司账户内仅剩 1 万余元。

2017 年，爱美公司与赵新协商合作开设美容院，签订了《投资合作协议》，约定：（1）赵新出资 40 万元，用于交纳房租、装修等，爱美公司负责经营管理，赵新不得干预；（2）赵新在一年之内不能撤回投资款 40 万元，爱美公司承担赵新的投资风险，无论盈亏，爱美公司保证返还赵新投资款 40 万元，之后如有盈利，双方按月分红。协议签订后，赵新向杨然尾号为“111”的银行账户支付投资款 40 万元。赵新付款后，爱美公司向赵新开具了收条，并在上面加盖了爱美公司财务专用章。除此之外，爱美公司还以相同的商业模式，同时与多人进行合作，签署协议并收取投资款，这些投资款也都是支付到杨然尾号为“111”的银行账户。

赵新投资一年后，美容院也没有开起来，赵新多次向爱美公司索要投资款，爱美公司以各种理由推脱。万般无奈下，赵新一纸诉状将爱美公司、于霞、杨然都告上了法庭，要求爱美公司向赵新支付投资款 40 万元及利息，同时要求股东于霞、杨然对爱美公司的上述债务承担连带清偿责任。关于要求股东承担连带清偿责任，赵新提出的理由是：于霞、杨然作为爱美公司的股东，个人财产与公司财产发生了高度混同，应否认公司人格，于霞、杨然对公司债务应当承担连带清偿责任。对此，于霞、杨然辩称：股东并未与公司发生财产混同，不应否认公司人格；赵新与爱美公司签订合同，根据合同相对性原则，应由爱美公司承担责任。

一审法院支持了赵新的诉讼请求。爱美公司、杨然不服一审判决，提起上诉。

二审法院审理后认为：爱美公司人格与股东于霞、杨然的人格存在混同，公司经营过程中存在资本显著不足，经营模式不符合商事行为的基本原则，公司资产明显不足以偿还公司债务，严重损害了公司债权人赵新的利益。于霞、杨然在爱美公司的资产不足以偿还债权人赵新的债权时，应当承担连带清偿责任。因此，驳回上诉，维持原判。

法理分析

（一）公司人格否认的法律依据是什么？

公司人格否认的主要法律依据为《公司法》第二十条第三款：公司股东滥用公司法人独立地位和股东有限责任，逃避债务，严重损害公司债权人利益的，应当对公司债务承担连带责任。[①]

《公司法》第二十条第三款规定较为原则、抽象，最高人民法院又未出台相关司法解释，面对司法实践中的复杂情况，法院需要结合各项因素进行综合判断，不易把握宽严尺度，这些让公司人格否认案件成为公司法审判中的一项难题。直到2019年11月，最高人民法院发布了《全国法院民商事审判工作会议纪要》，其中专门就如何准确理解《公司法》第二十条第三款的精神进行了指导，并对具体适用问题进行了规范，统一了裁判思路。

（二）公司人格否认的条件和法律后果是什么？

1. 公司人格否认的条件

公司人格独立和股东有限责任是公司法的基本原则，不宜轻易突破，因此，法律对公司人格否认设置了严格的条件。依据《公司法》第二十条第三款规定，股东只有在滥用公司法人独立地位和股东有限责任，致使公司债权人的利益受到严重损害时，才可以否认公司人格。对此，可从多个方面进行理解。首先，从主观心态来说，股东应具有故意，而非仅为过失或者没有过错；其次，从行为表现来说，股东对公司法人独立地位和股东有限责任应达到“滥用”的程度；再次，从客观结果来说，债权人利益受到损害，主要是指债务不能得到清偿，这种损害结果应达到“严重”的程度；最后，从因果关系来说，股东“滥用”公司法人独立地位和股东有限责任的行为，与债权人利益受到的“严重”损害结果之间，应存在因果关系。

---

① 《公司法》第六十三条规定了一人有限责任公司的人格否认，本书在其他章节专门进行介绍。

还需要注意的是，从适用公司人格否认的必要性来说，认定公司人格否认是一种对公司极为严厉的手段，适用不当，将会动摇整个公司法的基础，如果可以通过其他途径保护债权人利益，如行使债权人代位权、债权人撤销权，一般应优先考虑采取其他方式，正所谓“杀鸡不用牛刀”。

2. 公司人格否认的法律后果

只有滥用公司法人独立地位和股东有限责任的股东，才需要承担公司人格被否认所带来的法律后果，对公司债务承担连带责任，其他股东不需要承担责任。

此外，公司人格否认不是全面、彻底、永久地否定公司的法人资格，而只是在具体案件中依据特定的法律事实、法律关系，突破股东对公司债务不承担责任的一般规则，例外地判令其承担连带责任。法院在个案中否认公司人格的判决的既判力仅仅约束该诉讼的各方当事人，不当然适用于涉及该公司的其他诉讼，不影响公司独立法人资格的存续。如果其他债权人提起公司人格否认诉讼，已生效判决认定的事实可以作为证据使用。[①]

（三）导致公司人格否认的常见情形有哪些？

司法实践中，股东滥用公司法人独立地位和股东有限责任的具体行为复杂多样，《全国法院民商事审判工作会议纪要》第十条至第十二条总结了三类常见类型，分别是人格混同、过度支配与控制以及资本显著不足，并进一步对如何在公司人格否认案件中适用进行了规范。

在爱美公司案件中，公司被否认独立人格，主要是因为存在人格混同与资本显著不足两种情形，下面我们就在理解《全国法院民商事审判工作会议纪要》条文的基础上，对案件进行分析。

1. 人格混同

人格混同，即公司法人人格形骸化，是指公司与股东完全混同，公司仅

① 《全国法院民商事审判工作会议纪要》“（四）关于公司人格否认”部分。

仅是股东的另一形象，是股东行为的工具，因而失却独立存在的价值。[①] 在这种情况下，应对公司的独立人格进行否认。

依据《全国法院民商事审判工作会议纪要》第十条规定[②]，认定公司与股东是否存在人格混同，最根本的判断标准为公司是否具有独立意思和独立财产，最主要的表现是公司与股东财产混同且无法区分。在出现人格混同的情况下，往往同时出现业务混同、人员混同、住所混同，但审查的关键为是否构成人格混同，不要求同时具备其他方面的混同，其他方面的混同往往只是人格混同的补强。

该规定还专门列举了在认定是否构成人格混同时，应当综合考虑的因素，即：（1）股东无偿使用公司资金或者财产，不作财务记载的；（2）股东用公司的资金偿还股东的债务，或者将公司的资金供关联公司无偿使用，不作财务记载的；（3）公司账簿与股东账簿不分，致使公司财产与股东财产无法区分的；（4）股东自身收益与公司盈利不加区分，致使双方利益不清的；（5）公司的财产记载于股东名下，由股东占有、使用的；（6）人格混同的其他情形。

---

① 赵旭东主编：《商法学》，高等教育出版社 2007 年版，第 151 页。

② 《全国法院民商事审判工作会议纪要》第十条：认定公司人格与股东人格是否存在混同，最根本的判断标准是公司是否具有独立意思和独立财产，最主要的表现是公司的财产与股东的财产是否混同且无法区分。在认定是否构成人格混同时，应当综合考虑以下因素：

（1）股东无偿使用公司资金或者财产，不作财务记载的；

（2）股东用公司的资金偿还股东的债务，或者将公司的资金供关联公司无偿使用，不作财务记载的；

（3）公司账簿与股东账簿不分，致使公司财产与股东财产无法区分的；

（4）股东自身收益与公司盈利不加区分，致使双方利益不清的；

（5）公司的财产记载于股东名下，由股东占有、使用的；

（6）人格混同的其他情形。

在出现人格混同的情况下，往往同时出现以下混同：公司业务和股东业务混同；公司员工与股东员工混同，特别是财务人员混同；公司住所与股东住所混同。人民法院在审理案件时，关键要审查是否构成人格混同，而不要求同时具备其他方面的混同，其他方面的混同往往只是人格混同的补强。

可以看出，条文所列举的因素均涉及公司与股东之间的财产混同。此外，在多项因素中出现了“不作财务记载”“无法区分”“不加区分”等表述，这说明并不是要绝对禁止股东与公司之间的经济往来，而是要求股东与公司在进行经济往来的过程中，做到有账可查、有据可查、边界清晰、相互独立。

针对具体如何适用，最高人民法院在对条文的理解与适用中还指出，所列举的情形应当综合考虑，一般很少出现一种情形就认定人格混同。在认定人格混同时，需要把握一个度，这个度就是混同多少，应当回到《公司法》第二十条第三款规定上来，就是要达到“滥用”的程度，达到“严重”损害公司债权人利益的程度。“滥用”的行为往往具有持续性，一般很少出现一次行为就认定为滥用。①

回到爱美公司案件中，我们可以看到，爱美公司自身虽然有银行账户，但主要用于支付社保和公积金，公司成立以来的日常收支都是通过股东于霞尾号为“222”的银行账户以及股东杨然尾号为“111”的银行账户进行。原告赵新及其他多人向爱美公司支付的投资款也是支付到了杨然尾号为“111”的银行账户。于霞、杨然均未能举证证明她们未使用过上述账户内的资金用于个人支出。而且，在爱美公司经营过程中，于霞尾号为“222”的银行账户曾向爱美公司账户转账 11.22 万元，杨然尾号为“111”的银行账户曾向爱美公司账户转账 10 万元，爱美公司、于霞及杨然均主张上述款项是向爱美公司缴纳的出资款，如按照爱美公司、于霞及杨然所述，于霞尾号为“222”的银行账户以及杨然尾号为“111”的银行账户内的资金已经实际用于了于霞、杨然的个人支出。此外，在经营过程中，爱美公司没有独立的财务会计账目。因此，爱美公司与其股东于霞、杨然的财产混同且无法区分，已构成了人格混同。

于霞担任爱美公司的法定代表人、总经理，杨然担任爱美公司的董事长，都实际参与了爱美公司的经营管理，她们都将个人银行账户长期用于收支爱美公司

① 最高人民法院民事审判第二庭编著：《〈全国法院民商事审判工作会议纪要〉理解与适用》，人民法院出版社 2019 年版，第 151 页。

日常款项，都应该为滥用公司法人独立地位和股东有限责任的行为承担责任。

目前，爱美公司自身银行账户中仅剩 1 万余元，但仅欠赵新一人的投资款本金就高达 40 万元，以此远不足以清偿赵新的债务。可以说，于霞、杨然滥用公司法人独立地位和股东有限责任的行为，已严重损害了债权人赵新的利益。在这种情况下，应当否认爱美公司的独立人格，突破股东有限责任，要求于霞、杨然对爱美公司所欠赵新的债务承担连带清偿责任。

2. 资本显著不足

在认定公司人格否认时，是否存在资本显著不足也是一项重要的考量因素。《全国法院民商事审判工作会议纪要》第十二条对公司人格否认案件中如何认定资本显著不足作出了规定，具体内容为：资本显著不足指的是，公司设立后在经营过程中，股东实际投入公司的资本数额与公司经营所隐含的风险相比明显不匹配。股东利用较少资本从事力所不及的经营，表明其没有从事公司经营的诚意，实质是恶意利用公司独立人格和股东有限责任把投资风险转嫁给债权人。由于资本显著不足的判断标准有很大的模糊性，特别是要与公司采取“以小博大”的正常经营方式相区分，因此在适用时要十分谨慎，应当与其他因素结合起来综合判断。

在理解和适用上述规定时，应特别注意：（1）“不匹配”必须达到“明显”的程度。因为判断是否“匹配”主观性强，如掌握不当，轻易否定公司人格，会对公司的正常经营活动造成严重伤害。（2）在判断是否“明显”不匹配时，还应当有时间要求。公司可能因短期经营方面的问题，资本一时出现“明显”不匹配的情况，这时不宜轻易否定公司人格。（3）如认定资本显著不足，负责经营管理的股东都应该对公司债务承担连带责任。但是，没有参加公司经营的股东，不应该承担责任。①

在爱美公司案件中，根据赵新与爱美公司签订的协议，爱美公司承担赵新的投资风险，无论盈亏，爱美公司保证返还赵新投资款 40 万元，之后如

---

① 最高人民法院民事审判第二庭编著：《〈全国法院民商事审判工作会议纪要〉理解与适用》，人民法院出版社 2019 年版，第 156–157 页。

有盈利，双方按月分红。在这种模式下，爱美公司的投资风险极大。除此之外，爱美公司还以相同的商业模式同时与多人进行合作。然而，通过于霞、杨然个人账户转入爱美公司账户的所谓出资款仅为 21.22 万元，现爱美公司账户实际仅剩 1 万余元，且于霞、杨然个人账户用于收付爱美公司日常款项，所谓的出资款与爱美公司收入的款项已不能区分，于霞、杨然实际投入的资金可能更少。因此，爱美公司设立后在经营过程中，股东实际投入公司的资本数额与公司经营所隐含的风险相比明显不匹配，应认定为资本显著不足，成为否认公司人格的重要依据。

知识拓展

《全国法院民商事审判工作会议纪要》第十一条[①]还对公司人格否认案件中的常见情形“过度支配与控制”所涉问题进行了规范。

过度支配与控制，是指公司控制股东对公司过度支配与控制，操纵公司的决策过程，使公司完全丧失独立性，沦为控制股东的工具或躯壳。公司一旦被某一股东滥用控制权，就不再具有独立意思和独立财产，其独立人格就

---

① 《全国法院民商事审判工作会议纪要》第十一条：公司控制股东对公司过度支配与控制，操纵公司的决策过程，使公司完全丧失独立性，沦为控制股东的工具或躯壳，严重损害公司债权人利益，应当否认公司人格，由滥用控制权的股东对公司债务承担连带责任。实践中常见的情形包括：

（1）母子公司之间或者子公司之间进行利益输送的；

（2）母子公司或者子公司之间进行交易，收益归一方，损失却由另一方承担的；

（3）先从原公司抽走资金，然后再成立经营目的相同或者类似的公司，逃避原公司债务的；

（4）先解散公司，再以原公司场所、设备、人员及相同或者相似的经营目的另设公司，逃避原公司债务的；

（5）过度支配与控制的其他情形。

控制股东或实际控制人控制多个子公司或者关联公司，滥用控制权使多个子公司或者关联公司财产边界不清、财务混同，利益相互输送，丧失人格独立性，沦为控制股东逃避债务、非法经营，甚至违法犯罪工具的，可以综合案件事实，否认子公司或者关联公司法人人格，判令承担连带责任。

会沦为工具，如仍然恪守公司独立人格，就会严重损害公司债权人利益，此时应当否认公司人格。[①]

下面我们补充一则案例，帮助理解公司人格否认案件中的过度支配与控制。

（一）基本案情

永康公司成立于1999年，永福公司成立于2004年，股东均为王武、周普。永健公司成立于2005年，股东为张萍（占股90%）、吴刚（占股10%），张萍是王武的妻子。三家公司的经理均为王武，财务负责人均为凌威，出纳会计均为卢慧，工商手续经办人均为郑帆。三家公司的其他管理人员也存在交叉任职的情况。三家公司均从事相同业务，且相互之间共用统一格式的销售部业务手册、经销协议等。三家公司在对外宣传中区分不明，三家公司在网站上共同招聘员工，所留电话号码、传真号码等联系方式相同。在财务方面，三家公司共用结算账户，凌威、卢慧等的银行卡中曾发生高达亿元的往来，资金的来源包括三家公司的款项，对外支付的依据仅为王武的签字。

三家公司分别与金鹏公司签订过合同并有业务往来，后三家公司共同向金鹏公司出具《说明》，称因永康公司业务扩张而注册了另两家公司，现要求将所有债权债务计算在永健公司名下。

永健公司目前已无财产，拖欠金鹏公司货款1000多万元。

金鹏公司向法院提起诉讼，要求判令永健公司支付货款及利息，永康公司、永福公司及王武等个人对上述债务承担连带清偿责任。金鹏公司的理由是：永健公司拖欠其货款未付，而永康公司、永福公司与永健公司人格混同，三家公司实际控制人王武等人的个人资产与公司资产混同，均应承担连带清偿责任。

（二）判决结果

一审法院经审理判决，永健公司向金鹏公司支付货款及逾期付款利息，

---

① 最高人民法院民事审判第二庭编著：《〈全国法院民商事审判工作会议纪要〉理解与适用》，人民法院出版社2019年版，第153页。

永康公司、永福公司对永健公司的上述债务承担连带清偿责任，驳回金鹏公司对王武等个人的诉讼请求。宣判后，永康公司、永福公司不服，提起上诉。二审法院驳回上诉，维持原判。

在这起案件中，三家公司为相同实际控制人控制的关联公司，三家公司之间表征人格的因素（人员、业务、财务等）高度混同，导致各自财产无法区分，已丧失独立人格。其中永健公司承担所有关联公司的债务却无力清偿，又使其他关联公司逃避巨额债务，严重损害了债权人的利益。法院认为，上述行为违背了法人制度设立的宗旨，违背了诚实信用原则，其行为本质和危害结果与《公司法》第二十条第三款规定的情形相当，故参照《公司法》第二十条第三款的规定，判令永康公司、永福公司对永健公司的债务承担连带清偿责任。

《全国法院民商事审判工作会议纪要》第十一条第二款亦对上述案件所反映的问题进行了回应，认为：控制股东或实际控制人控制多个子公司或者关联公司，滥用控制权使多个子公司或者关联公司财产边界不清、财务混同，利益相互输送，丧失人格独立性，沦为控制股东逃避债务、非法经营，甚至违法犯罪工具的，可以综合案件事实，否认子公司或者关联公司法人人格，判令承担连带责任。

同时，值得关注的是，上述案件和条文中的公司人格否认，属于比较特殊的“横向否认”。我们通常谈论的公司人格否认是“纵向否认”，即否认公司的独立人格，突破股东有限责任，由股东对公司债务承担连带责任。而“横向否认”是令控制股东或实际控制人控制下的多个子公司或关联公司，相互之间否认人格，相互之间承担连带责任。对于这种情况，《公司法》第二十条第三款虽然并未直接进行规定，但为审判实践考虑，《全国法院民商事审判工作会议纪要》从问题意识出发，根据《公司法》第二十条第三款的精神作出了规定。①

---

① 最高人民法院民事审判第二庭编著：《〈全国法院民商事审判工作会议纪要〉理解与适用》，人民法院出版社 2019 年版，第 154 页。

普法提示

诺贝尔奖获得者、哥伦比亚大学教育学院的创办人巴特勒曾提出：有限责任制是现代社会最伟大的发明，少了它，就是蒸汽机和电力的重要性也会降低。可以说，公司人格独立和股东有限责任是现代公司法的基石。但在股东滥用公司法人独立地位和股东有限责任，严重损害公司债权人利益时，公司法也为债权人提供了维权的武器，允许否定公司的独立人格，突破股东有限责任，由股东对公司债务承担连带责任。因此，作为商事主体的公司、股东及债权人都应该对相关法律规则予以重视。对此，本文特提供如下建议，以供参考。

（一）人格分离，边界清晰

公司与股东之间应做到人格相互分离、相互独立，避免因人格混同造成公司人格被否认。具体来说，在财产方面，应避免混同，做到边界清晰。公司应建立正规合法的财务制度并严格执行。及时掌握公司的财产情况并登记造册；公司的收入与支出完整记录并独立记账；在收付款项时，应使用公司自身账户，避免使用股东账户；公司与股东如存在经济往来，应签署协议，完善财务记载；公司的财产不应记载于股东名下，由股东占有、使用。此外，在业务、人员、住所等方面，公司与股东也应尽量做到相互独立，避免混同。

（二）诚实信用，慎行控制

股东应坚守诚实信用原则，勿将公司视为工具，过度支配或控制，操纵公司的决策，使公司丧失独立意思和独立财产，损害债权人的正当利益。具体来说，应完善公司治理，健全公司决策机制，落实公司决策程序，股东正当合理适度地行使控制权。同时，受股东控制的多个子公司或关联公司之间应避免财产边界不清、财务混同、利益输送等，以防丧失人格独立性，造成子公司或关联公司被否认人格，相互之间承担连带责任。

（三）充实资本，抵御风险

在公司人格否认中，资本是否显著不足是一项重要的考量因素。如公司设立后在经营过程中，股东实际投入公司的资本数额与公司经营所隐含的风险相比明显不匹配，可能被认为没有从事公司经营的诚意，实质是恶意利用公司独立人格和股东有限责任把投资风险转嫁给债权人。因此，股东应综合分析公司业务规模、交易模式、行业特性等，理性地评估公司经营所隐含的风险，合理地确定应投入的资本数额，并及时充实资本、抵御风险，充分保护债权人利益，为公司独立人格地位与股东有限责任建设坚固防线。

（四）知法善用，维护权益

商事主体在确定交易对象前，应进行综合考察，尽量选择实力雄厚、信誉良好的公司。交易过程中，善用保证、抵押等增信措施，保障债权实现，降低交易风险。发生纠纷时，及时采取诉讼、仲裁等法律手段，积极维权。如果存在股东滥用公司法人独立地位和股东有限责任，逃避债务，自身利益因而受到严重损害的情况，作为债权人，应学会并善于使用公司人格否认制度这一强有力的武器。同时，债权人应增强证据意识，妥善留存合同、支付凭证、往来函件等交易过程中形成的证据。

案例十二

一人公司股东责任有何特别之处？

——解析《公司法》第六十三条一人公司股东举证责任倒置

陈洋[①]　赵桐[②]

我国《公司法》将公司的类型划分为有限责任公司和股份有限公司，并针对这两种类型的公司制定了相应的规则。其中，在有限责任公司范畴内，还专门针对一人有限责任公司（以下简称一人公司）作出了特别规定。那么，这个一人公司到底有什么“魔力”，值得《公司法》专门辟出章节对其进行规定？我们来一探究竟。

案情回顾

（一）公司、股东齐被诉

巨峰玻璃公司与全瑞建筑公司之间存在长期合作关系，巨峰玻璃公司向全瑞建筑公司供应玻璃。2015 年 1 月 9 日，因承建石家庄尚栋新区工程的需要，全瑞建筑公司与巨峰玻璃公司签订《玻璃购销合同》，向巨峰玻璃公司采购玻璃，合同约定价款为 1797525 元（暂估），由全瑞建筑公司先支付 1000000 元预付款，其余款项根据送货进度分期支付。合同签订后，巨峰玻璃公司陆续向全瑞建筑公司供应玻璃，后双方因为结算价款及玻璃质量问题发生争议，全瑞建筑公司有部分货款一直未付，巨峰玻璃公司无奈只能向法院提起诉讼，要求全瑞建筑公司支付货款。同时，巨峰玻璃公司一并起诉了全瑞建筑公司的唯一股东——也是公司法定代表人潘小林，要求潘小林对公司的债务承担连带责任。

---

① 陈洋，北京市第二中级人民法院民四庭法官。

② 赵桐，北京市第二中级人民法院民四庭法官助理。

（二）公司、股东皆喊冤

被起诉以后，全瑞建筑公司、潘小林都觉得自己很冤，不应该向巨峰玻璃公司支付货款。全瑞建筑公司觉得，巨峰玻璃公司供货数量有问题，双方没有结算，且部分玻璃存在质量问题。潘小林则觉得，自己和公司是两码事，是各自独立的主体，公司是公司，股东是股东；自己作为全瑞建筑公司的股东，既没有向巨峰玻璃公司购买过玻璃，也没有接收和使用巨峰玻璃公司的玻璃，而且自己从未参与公司的经营管理，也没有插手过公司的具体业务，自己的财产与公司的财产是彼此独立的，实在没有向巨峰玻璃公司支付货款的理由。

（三）公司、股东共担责

法院组织巨峰玻璃公司、全瑞建筑公司进行核算对账，根据巨峰玻璃公司提供的送货单、确认单等证据，认定全瑞建筑公司尚欠1241864.18元货款未付，全瑞建筑公司应当向巨峰玻璃公司支付。同时，《公司法》第六十三条规定："一人有限责任公司的股东不能证明公司财产独立于股东自己的财产的，应当对公司债务承担连带责任。"在案件审理过程中，虽然潘小林坚持认为自己与全瑞建筑公司是两个主体，相互之间是独立的，其本人与巨峰玻璃公司之间没有任何往来，巨峰玻璃公司也没有向其交付过玻璃，全瑞建筑公司的债务与其没有任何关系，但潘小林作为全瑞建筑公司的唯一股东，并未能提供证据证明自己的财产与全瑞建筑公司的财产是独立的，应当承担不利后果。因此，法院最终判决全瑞建筑公司向巨峰玻璃公司支付货款1241864.18元，并判决潘小林对全瑞建筑公司的债务承担连带责任。

众所周知，公司有自己的财产，具有独立的法人人格，股东以出资为限承担有限责任。为什么一人公司的股东需要自证清白才能免责呢？一人公司的股东与其他公司的股东有什么不同？

法理分析

（一）一人公司的架构：股东“一手遮天”

一人公司，即一人有限责任公司，是指只有一个自然人股东或者一个法人股东的有限责任公司。与传统公司由多名股东投资设立、具有典型的团体性不同，一人公司只有一名股东。“与众不同”的股权结构，造就了一人公司独特的治理架构。

根据《公司法》的规定，有限责任公司的组织机构包括股东会、董事会（执行董事）、监事会，其中，股东会是公司的权力机关，有权选举和更换非职工代表担任的董事、监事。也就是说，一个有限责任公司的组织机构、权利配置，几乎都是股东通过股东会决定的。传统公司股东会由多名股东组成，相互之间存在监督和制约；而根据《公司法》第六十一条的规定，一人公司不设股东会，需要对《公司法》规定的股东会职权事项作出决定时，应当采用书面形式，并由股东签名后置备于公司。我们都知道，公司章程是公司的宪章性文件，规定了公司运行的规则，对公司及股东、董事、监事、高级管理人员等都具有约束力，而根据《公司法》第六十条的规定，一人公司章程由股东制定。也就是说，对一人公司而言，公司的权力机构化身为唯一的股东，公司的宪章体现了唯一股东的意志。

由此可以看出，一人公司的权力完全掌控在唯一的股东手中，股东会演变成“一言堂”。从权力内容来说，一人公司股东的权力本身与其他有限责任公司股东并无区别，但是一人公司股东权力没有那么多的约束和制衡。实践中，大部分一人公司没有设置规范的董事会（执行董事）、监事会，即便设置，也几乎完全“听命于”股东。一人公司从上到下，所有大事、小事，业务、事务，都会直接或间接地受到唯一股东的操控。因此，大部分一人公司治理架构虚化，权力高度集中。

（二）一人公司的规制：揭开公司面纱＋举证责任倒置

在公司内部机构设置方面，这种只有一名股东的股权结构模式，是一人公司最突出的特征。在股东与公司债权人的举证责任分配方面，采取股东“自证清白”的举证责任倒置模式，则是一人公司的“一大特色”。

公司独立法人人格与股东有限责任，是公司法制度最为核心的理念，也是构建现代公司的两大基石。两者的结合，使得公司投资者可以在尽可能减少风险的前提下，去实现追逐利润的愿望，刺激了人们对公司形式的普遍化认同。但是公司形式的优势可能会被有恶意的人利用，将本应自己承担的交易和市场风险，通过公司转嫁给他人，从而侵害了债权人利益和社会利益。所以，从有限责任被法律认可之时起，对有限责任的限制性规定也在公司法的体系中发展。“揭开公司面纱”就是其中非常重要的一项制度，这项制度是在英美国家的司法实践中发展起来的判例规则，指在特定情形下，为保护公司债权人利益，保障公平正义，法院在具体案例中会否定股东与公司独立人格，责令股东对公司债权人承担责任，清偿公司债务。

《公司法》第二十条第一款、第三款规定：“公司股东应当遵守法律、行政法规和公司章程，依法行使股东权利，不得滥用股东权利损害公司或者其他股东的利益；不得滥用公司法人独立地位和股东有限责任损害公司债权人的利益……公司股东滥用公司法人独立地位和股东有限责任，逃避债务，严重损害公司债权人利益的，应当对公司债务承担连带责任。”这是“揭开公司面纱”制度在我国的法律规定。具体到一人公司，“绝对权力导致绝对腐败”，股东一人说了算，股东与公司天然地存在人员混同的情况，股东的意志在相对程度上决定了公司的意志。相较于其他公司，一人公司更容易发生财产混同、业务混同的情况，导致滥用公司独立人格，损害公司债权人的利益。

《民事诉讼法》第六十四条第一款规定：“当事人对自己提出的主张，有责任提供证据。”《最高人民法院关于适用〈中华人民共和国民事诉讼法〉的解释》第九十条第二款规定：“在作出判决前，当事人未能提供证据或者证据不足以证明其事实主张的，由负有举证证明责任的当事人承担不利的后果。”由此可以看出，我国民事诉讼中的举证责任是指当事人在诉讼中对所主张的案件事实，应当提供证据加以证明，并在案件事实真伪不明时承担不利诉讼后果的责任。一般在民事案件中，都会按照“谁主张，谁举证”的原则分配举证责任，即当事人主张这一事实存在，就应当提供证明这一事实存在的证据。而举证责任倒置，则是“谁主张，谁举证”原则的例外，指基于法律规定，将通常情形下本应由提出主张的一方当事人（一般是原告）承担的举证责任，转由另一方当事人（一般是被告）承担，如果该方当事人不能证明自己的清白，则推定原告主张的事实成立的一种举证责任分配制度。

就一人公司而言，债权人属于外部人，对公司内部的业务开展情况并不了解，难以掌握公司的经营、财务、人事情况，存在举证困难的客观情况，如果将举证责任完全交由公司债权人承担，显然不公。基于以上原因，《公司法》对一人公司作出了举证责任倒置的特殊规定，该法第六十三条规定：“一人有限责任公司的股东不能证明公司财产独立于股东自己的财产的，应当对公司债务承担连带责任。”根据这一条文，一人公司与债权人发生纠纷时，一人公司的股东应当提供证据证明公司的财产与自身的财产是相互独立的，如果股东不能证明公司的财产独立于其自身财产，则应当对公司的债务承担连带责任，且这种连带责任没有后续的追偿权。

在前面提到的案例中，法院认定全瑞建筑公司应当向巨峰玻璃公司支付货款，接下来的问题，就是全瑞建筑公司的股东潘小林是否应当对该笔债务承担连带责任。根据已经查明的事实，我们可以看到，全瑞建筑公司只有潘小林一名股东，是典型的一人公司。潘小林作为全瑞建筑公司的唯一股东，天然地被推定应当对公司债务承担连带责任，除非他能够举证证明其个人财产与公司财产是相互独立的。但是，在这起案件中，潘小林并未能够提供任何证据来证明这个问题，因此，按照举证责任分配规则，潘小林只能承担不利的后果，对全瑞建筑公司的债务承担连带责任。

（三）一人公司股东的“救赎”：依法规范经营

说到这里，大家可能会有一个疑问，一人公司的股东如何才能“自证清白”，证明自己的财产与公司的财产是独立的，避免对公司的债务承担连带责任呢？我们可以从《公司法》对一人公司经营要求的规定中找到答案。

我国《公司法》第五十九条规定：“一人有限责任公司应当在公司登记中注明自然人独资或者法人独资，并在公司营业执照中载明。”第六十二条规定：“一人有限责任公司应当在每一会计年度终了时编制财务会计报告，并经会计师事务所审计。”其实，这两条规定的要求并不高。其中第五十九条只是对形式的要求，工商登记部门在一人公司设立登记时会进行审查。第六十二条的规定，并非专门针对一人公司，《公司法》第一百六十四条对所有公司，包括其他有限责任公司、股份有限公司都作出了同样的规定。一人公司只要能够像其他公司一样，在经营过程中规范做账，依法按时审计，股东就能够实现“自我救赎”“自证清白”，免予对公司债务承担连带责任。下面这个案子就是一个“成功救赎”的范例。

福国科技公司与富英科技公司、易荣化工公司买卖合同纠纷一案中，福国科技公司与富英科技公司之间存在买卖合同，福国科技公司向富英科技公司供货后，富英科技公司未能足额支付货款，易荣化工公司是富英科技公司的唯一股东。因此，福国科技公司将富英科技公司与易荣化工公司一并起诉，要求富英科技公司支付货款，易荣化工公司承担连带责任。法院经审理发现，易荣化工公司系上市公司，每年都会公布年报，富英科技公司也有自己独立的账目，都经过了会计师事务所的审计，出具了审计报告。生效判决认为，易荣化工公司提交了富英科技公司经会计师事务所审计后出具的审计报告以及易荣化工公司的年报，已就富英科技公司与易荣化工公司之间财产相互独立尽到了举证证明责任。福国科技公司未提供充分的证据证明易荣化工公司存在滥用公司法人独立地位和股东有限责任的行为以及易荣化工公司与富英科技公司存在财产上的混同，故福国科技公司要求易荣化工公司基于股东身份对富英科技公司的债务承担责任，证据不足，不予支持。

通过该案例，我们可以看到，一人公司的股东完全不必“杞人忧天”，只要按部就班地规范经营，建立健全完备的财务制度，财务报告和审计报告就可以成为自己的“护身符”。

知识拓展

（一）一人公司的立法沿革

一人公司的股东，既能享受股东有限责任的“待遇”，又能完全、充分地按照自己的意志支配、控制公司，因此对投资者而言，一人公司是一种非常有利的投资工具。但是，受传统民法中法人社团理论的思想限制，以及对一人公司股东可能利用有限责任不正当操控公司、损害社会利益和债权人利益的担心，1993 年《公司法》制定时，没有接纳一人公司，由于法律依据的缺乏，一人公司在当时并没有存在的空间。但是在公司设立实践中，确实有相当数量的股东希望独立投资，并获得有限责任安全利益。而且，公司设立后，由于股权继承、转让，也确实可能出现全部股权集中于一人之手的情况。为了解决这些困局，我国 2005 年修订《公司法》时，完全确认了一人公司的合法地位，但只是认可了一人有限责任公司，并未认可一人股份有限公司。

（二）一人公司投资人和再投资的限制

一人公司的股东包括自然人和法人两种，根据投资人的不同类型，《公司法》对投资人设立一人公司以及一人公司再投资设立一人公司作出了限制性规定。该法第五十八条规定：“一个自然人只能投资设立一个一人有限责任公司。该一人有限责任公司不能投资设立新的一人有限责任公司。”也就是说，如果投资人是法人，该法人可以投资设立多个一人公司，法人独资的一人公司还可以继续设立一人公司。但是，为了防范社会风险，一个自然人只能设立一个一人公司（计划生育原则），而且自然人所设立的一人公司不得再设一人公司。

（三）一人公司与个体工商户、个人独资企业的区别

个体工商户，是指公民在法律允许的范围内，依法经核准登记，从事工商业经营的家庭或户，个体工商户还可以起字号，并以其字号进行活动。个人独资企业，是指一人投资经营的企业，独资企业投资者对企业债务负无限责任。企业负责人是投资者本人，企业负责人姓名须与身份证相符，不得使用别名。一人公司、个体工商户、个人独资企业是三种不同的经济主体。

首先，个体工商户既可以由一个自然人出资设立，也可以由家庭共同出资设立。个人独资企业的出资人只能是一个自然人。一人公司则是由一名自然人股东或一名法人股东投资设立。个体工商户不具有法人资格，虽然享有民事主体资格，但不是一个经营实体。个人独资企业也不具有法人资格，只是自然人进行商业活动的一种特殊形态，属于自然人企业范畴。一人公司则是具有完全法人资格的经济实体。其次，个体工商户对所负债务承担的是无限清偿责任，不以投入经营的财产为限，而应以其所有的全部财产承担责任。个人独资企业在一般情况下仅以其个人财产对企业债务承担无限责任，只有在企业设立登记时明确以家庭共同财产作为个人出资的才依法以家庭共有财产对企业债务承担无限责任。一人公司的股东仅以其投资为限对公司债务承担有限责任。最后，个体工商户与个人独资企业交纳个人所得税，而一人公司则应交纳企业所得税。

（四）一人公司股东连带责任在执行程序中的适用

还应当注意到，一人公司股东对公司债务承担连带责任的认定，并不仅仅限于诉讼阶段，在执行程序中同样适用。《最高人民法院关于民事执行中变更、追加当事人若干问题的规定》第二十条规定："作为被执行人的一人有限责任公司，财产不足以清偿生效法律文书确定的债务，股东不能证明公司财产独立于自己的财产，申请执行人申请变更、追加该股东为被执行人，对公司债务承担连带责任的，人民法院应予支持。"实践中，在一人公司作被执行人的案件中，股东被追加为被执行人的案例不胜枚举，股东只有提供

了“自己财产与公司财产独立”的证据，才能免予被执行，否则，即便提起执行异议和执行异议之诉，也很难获得支持。

普法提示

一人公司制度本身不是罪恶，滥用一人公司制度的行为才是罪恶。对一人公司和股东来说，规范经营，依法办事，是“立于不败”的“王道”。对一人公司债权人来说，充分了解交易对手的情况，依法维权，是保障债权的最有效途径。

（一）规范经营，依法办事

一人公司应加强内部治理机构的规范化建设，加强对股东权利的限制。《公司法》对一人公司董事、监事的设置未作特别规定，但该法关于一人公司部门的规定，开宗明义提到，“一人有限责任公司的设立和组织机构，适用本节规定；本节没有规定的，适用本章第一节、第二节的规定”。因此，从法律规定角度，一人公司设立董事、监事并不存在制度性障碍。一人公司可以按照有限责任公司组织机构设置的一般规定，根据自身特点，设立董事会（执行董事）、监事（会），贯彻“所有权与经营权”相分离的原则，分权制衡。对股东作出的决定，采用书面形式，由股东签名后置备于公司。规范公司财务制度，开设公司对公账户，公司开展经营活动的收支使用对公账户，杜绝利用股东个人账户进行收支，避免公司财务与个人财务混淆。完善公司账目管理，建立规范的公司财务账册，做到有据可查，并确保每一会计年度终了时编制财务会计报告，并经会计师事务所审计。

（二）合理配置资源，优化股权结构

有些有限责任公司原本并非一人公司，但因为股权流转、继承等原因，导致公司全部股权集中于一名股东处，此时，公司面临变更为一人公司的情况。公司与股东应当根据自身情况，合理筹划，科学、合理地配置资源，选

择适合公司发展、有利于股东权益保护的治理结构、发展路径，优化公司股权架构，降低公司经营风险，减轻股东举证责任。

（三）知己知彼，依法维权

对公司债权人来说，在与一人公司交易之初，就应当事先了解、熟悉交易对手的情况，包括内部股权结构、治理机构、履约能力、偿债能力，在充分了解的基础上作出商业决定。如果发生纠纷诉至法院，可以利用法律规定的举证责任倒置，积极追究股东的责任，扩大债权担保范围。同时，如果公司与股东之间确实存在人格混同的情况，但股东提供了财务审计证据，债权人还应当根据对一人公司和股东的了解，进一步提供公司与股东混同财产的证据，最大限度保障债权实现。

第四章

公司退出

案例一

欠债的公司被兼并了，债务谁来承担？

——解析《公司法》第一百七十四条公司合并时债务的承担

许晓晨[①]

在市场经济高速发展的今天，公司这一市场主体数量庞大，公司之间的合并、分立也十分常见。如果遇到了债务人的公司被兼并，那欠的钱还能要回来吗？应该向谁主张呢？下面我们来看一则案例。

案情回顾

吴孔方与洼洼煤矿自2011年开始长期存在供货关系。吴孔方持有洼洼煤矿出具的入库单7份，载明：2014年8月至2015年1月期间，其向洼洼煤矿供货共1593535.8元。2015年6月15日，经过双方结算，洼洼煤矿的法定代表人梅元宝向吴孔方出具欠条一份，载明：经过财务算账，洼洼煤矿共欠吴孔方货款壹佰叁拾叁万壹仟柒佰柒拾伍元整（1331775元）。署名洼洼煤矿梅元宝。

2015年7月16日，达达公司注册成立，2015年7月19日，洼洼煤矿与达达公司签订采矿权转让申请书。2015年9月22日，梅元宝（乙方）与一码煤业集团股份有限公司（甲方）签订了煤炭企业兼并重组合作协议，载明目标企业为洼洼煤矿，乙方系目标企业洼洼煤矿的开办人，双方就共同出资组建达达公司、兼并重组目标企业有关事项达成如下协议：甲方认缴出资510万元，占注册资本51%，乙方认缴出资490万元，占注册资本49%；目标企业的解散及清算事宜由乙方负责，新公司与目标企业签署资产转让协议后10日内，乙方启动目标企业解散清算程序，90日内完成目标企业的注销登记及终止手续，目标企业的债权、债务、劳动纠纷及其他各类纠纷所产生

① 许晓晨，北京市第二中级人民法院民四庭法官助理。

的一切责任和法律后果由乙方享有和承担。后梅元宝（乙方）就目标企业的转让事宜与达达公司（甲方）签订“资产转让协议”，载明：目标企业清算后，目标企业拖欠职工的工资、社会保险、应缴未缴的税金、相关的行政性收费及其他债务，由乙方偿还，目标企业注销后，乙方依法承继目标资产。2016年10月21日，洼洼煤矿被注销。

吴孔方于2016年12月起诉至法院称，洼洼煤矿欠付其货款，现洼洼煤矿已经被达达公司兼并，应当由达达公司承担债务。所以起诉要求判令达达公司支付吴孔方货款1331775元。

达达公司辩称，吴孔方所主张的债务是洼洼煤矿的债务。根据梅元宝与达达公司所签订的协议，洼洼煤矿的债务应当全部由梅元宝来承担，与达达公司无关，所以要求法院驳回吴孔方的全部诉讼请求。

法院经审理后认为，吴孔方与洼洼煤矿之间的供货关系，有吴孔方提交的入库单以及洼洼煤矿出资人梅元宝出具的欠条为证，吴孔方为洼洼煤矿供货，经结算，尚有1331775元未给付，梅元宝作为煤矿的出资人向吴孔方出具欠条的行为系有权代理行为，洼洼煤矿应当给付所欠吴孔方货款1331775元及利息。因洼洼煤矿已经被兼并重组，梅元宝与一码煤业集团股份有限公司共同出资组建达达公司，洼洼煤矿的资产实际并入了新成立的达达公司，根据法律规定，公司合并时，合并各方的债务由合并后的法人履行合同义务，故达达公司依法应对洼洼煤矿的债务承担清偿责任。所以法院判决支持了吴孔方的诉讼请求。

达达公司不服一审判决，提出上诉，主张洼洼煤矿是将采矿权和实物资产及其他无形资产全部卖给了达达公司，并非合并，洼洼煤矿的债务与达达公司无关。二审法院经审查后认为一审法院判决认定事实清楚，适用法律正确，达达公司的上诉请求缺乏依据，最终判决驳回达达公司的上诉请求，维持原判。

本案中，法院最终判定应当由达达公司向吴孔方支付货款。那么什么是公司合并？公司合并有什么必经程序？公司合并后债权债务谁来承担？合并与资产出售有什么区别？下文我们将深入了解相关的法律规定。

法理分析

（一）什么是公司合并？

公司合并，是指两个或两个以上的公司，依照公司法的规定，按照一定的程序与条件，通过签订合并协议的方式，合并为一个公司的法律行为。公司的合并以两个公司或两个公司的存在为前提，同时必须经过一定的法定程序，因为公司的合并不仅引起了合并前公司的权利义务的变更，更关系到与其有法律关系的民事主体的利益。

公司合并可以分为吸收合并和新设合并两种基本形式。吸收合并又名存续合并，是指将一个或一个以上的公司并入另一个公司的方式而进行的公司合并，被并入公司的法人资格消失，接受合并的公司继续存在。新设合并是指两个或两个以上的公司在消灭各自的法人资格的前提下合并组成一个新的公司。

（二）公司合并需要什么样的程序？

《公司法》第一百七十三条规定：公司合并，应当由合并各方签订合并协议，并编制资产负债表及财产清单。公司应当自作出合并决议之日起十日内通知债权人，并于三十日内在报纸上公告。债权人自接到通知书之日起三十日内，未接到通知书的自公告之日起四十五日内，可以要求公司清偿债务或者提供相应的担保。

公司合并涉及公司、股东和债权人等相关人的利益，应当依法进行。根据《公司法》的规定，公司合并的程序通常如下：

1. 签订公司合并协议

公司合并协议，是指由两个或者两个以上的公司就合并的有关事项订立的书面协议。协议的内容应当载明法律、行政法规规定的事项和双方当事人约定的事项，一般来说应当包括以下内容：（1）公司的名称与住所。公司名称与住所包括合并前的各公司的名称与住所和合并后存续公司或者新设公司的名称与住所。公司名称应当与公司登记时的名称相一致，并且应当是公司的全称；公司的住所也应当是公司的实际住所。（2）存续或者新设公司因合并而设立的股份总数、种类和数量或者投资总额以及每个出资人所占投资总额的比例等。（3）合并各方现有的资本及对现有资本的处理方法。（4）合并各方所有的债权、债务的处理方法。（5）存续公司的公司章程是否变更、公司章程变更后的内容、新设公司的章程如何订立及其主要内容。

2. 编制资产负债表和财产清单

资产负债表是反映公司资产及负债状况、股东权益的主要会计报表。根据法律规定，公司合并过程中必须编制资产负债表。合并各方应当真实、全面地编制此表，以反映公司的财产情况。解散的公司不得隐瞒公司的债权债务。公司还要编制翔实、准确的财产清单，清晰地反映公司的财产状况。

3. 合并决议的形成

公司合并应当在公司股东会或者股东大会做出合并决议后方能进行。公司合并将直接影响到股东利益。根据《公司法》的相关规定，有限责任公司的合并应当由股东会作出特别决议，经代表三分之二以上表决权的股东通过才能进行；而股份有限公司的合并应当由公司的股东大会作出特别决议，须经出席会议的股东所持表决权三分之二以上决议通过才能进行。

4. 向债权人通知和公告

公司应当自作出合并决议之日起 10 日内通知债权人，并于 30 日内在报纸上公告。一般情况下，公司对所有的已知债权人应当采用通知的方式告知，只有对那些未知的或者不能通过普通的通知方式告知的债权人才可以采取公告的方式。通知和公告的目的主要是告知公司债权人，以便让他们决定对公司的合并是否提出异议，此外，公告也可以起到通知未参加股东会或股东大会的股东的作用。

5. 合并登记

合并登记包括注销登记、变更登记或设立登记。公司合并以后，解散的公司应当到工商登记机关办理注销登记手续；存续的公司应当到登记机关办理变更登记手续；新成立的公司应当到登记机关办理设立登记手续。公司合并只有进行登记后，才能得到法律的认可。

（三）公司合并后，债权债务谁来承担？

公司合并涉及公司的法人资格消失，那么原公司的债权债务等相关民事法律关系就一并消失了吗？相关权利人是否面临无处主张权利的局面呢？答案是否定的，公司合并前的合同权利义务并不会因为公司合并就自然消灭，而是由合并后的公司承接所合并公司的债权债务。

《公司法》第一百七十四条规定：公司合并时，合并各方的债权、债务，应当由合并后存续的公司或者新设的公司承继。根据该条规定，合并后存续的公司或者新设立的公司，必须无条件地接受因合并而消灭的公司对外债权与债务。公司进行生产经营，不可避免地会对外产生债权债务，而公司合并后，至少有一个公司丧失法人人格，而且存续的或者新设立的公司也与以前的公司不同，对于公司合并前的债权债务，必须要有人承继。根据主体的承继性原则，公司合并时，合并各方的债权、债务，应当由合并后存续的公司或者新设的公司承继。合并后的公司有权对原来公司的债权进行清理并予以收取，同时必须接受原来公司的债务，有义务对债权人进行清偿。

除《公司法》外，还有其他法律及规定对公司合并后债权债务的承担有类似规定。《民法典》第六十七条规定：法人合并的，其权利和义务由合并后的法人享有和承担。法人分立的，其权利和义务由分立后的法人享有连带债权，承担连带债务，但是债权人和债务人另有约定的除外。《最高人民法院关于审理与企业改制相关的民事纠纷案件若干问题的规定》第三十三条规定：企业新设合并后，被兼并企业的债务由新设合并后的企业法人承担。

（四）公司合并与资产出售有什么区别？

公司合并与资产出售是两种不同的公司行为。公司合并，无论是吸收合并还是新设合并，均涉及原有公司主体的法人资格消灭。而资产出售是公司将名下的资产出售给其他主体，是将实物或者其他资产形式转换成了货币资产形式。公司合并与资产出售都会导致公司某项资产的减少，表面上的交易效果似乎类似。但实际上，公司的某项资产出售并不会令公司的资产总额减少，也不会影响公司的偿付能力，因为公司的资产只是转换了存在形式，仍然存在于公司名下。《最高人民法院研究室关于企业资产出售合同效力和民事责任承担问题的答复》为此明确指出“企业出售资产的合同，如果买受人支付了合理的对价而且不具有合同法第五十二条规定的情形的，人民法院应当认定出售合同有效。企业出售行为不适用《最高人民法院关于审理与企业改制相关民事纠纷案件若干问题的规定》，企业出售其资产后应自行承担其原对外债务”。

本案中，达达公司虽然上诉主张只是购买了洼洼煤矿的采矿权、实物资产及其他无形资产，但事实上梅元宝与一码煤业集团股份有限公司签订的煤炭企业兼并重组合作协议，是双方共同出资组建达达公司、兼并重组洼洼煤矿的协议，也明确约定了达达公司的出资情况、洼洼煤矿的解散清算与注销情况等。洼洼煤矿已经被兼并重组，梅元宝与一码煤业集团股份有限公司共同出资组建达达公司，洼洼煤矿的资产实际并入了新成立的达达公司。显然达达公司与洼洼煤矿并非资产买卖关系，而是合并关系。洼洼煤矿被兼并后，其债权债务依法应由达达公司承担。所以吴孔方起诉要求达达公司清偿洼洼煤矿的欠款，最终得到了法院的支持。

知识拓展

与公司合并相对应的公司主体形式的变更就是公司分立了，公司合并、分立也常常被一同提及。通过上面的介绍，我们已经对公司合并后民事权利义务的承担有了一定了解，那么公司分立后债权债务如何承担呢？

（一）什么是公司分立？

公司合并是两个或两个以上的公司，合并为一个公司；而公司分立则是一个公司分成两个或两个以上的公司。与公司合并相同，公司分立也必须经过一定的法定程序。公司分立可以分为新设分立与派生分立两种基本形式。新设分立是在原公司法人资格消灭的前提下新设立两个或两个以上的公司。派生分立是原公司继续存续同时新设一个或一个以上公司。

《公司法》第一百七十五条规定：公司分立，其财产作相应的分割。公司分立，应当编制资产负债表及财产清单。公司应当自作出分立决议之日起10日内通知债权人，并于30日内在报纸上公告。依照该条规定，公司分立时，就财产的分割问题，应当由公司的股东会决定，并作出分立决议。公司分立所需要分割的财产，既包括积极财产，如债权，也包括消极财产，如债务；既包括有形财产，也包括无形财产。

公司分立的程序和公司合并的程序基本相同，应当编制资产负债表及财产清单，公司应当自作出分立决议之日起10日内通知债权人，并于30日内在报纸上公告。但两者的不同之处在于对债权人保护的方式不同，公司合并时债权人享有异议权，可以要求公司清偿债务或者提供相应的担保，而公司分立时法律只是强调了公司的通知义务，并没有赋予债权人同样的权利。

（二）公司分立后，债务如何承担？

我们先来看一个案例。天天公司与方方公司于2015年1月签订了建设工程施工合同，天天公司按照约定将合同义务履行完毕。2016年10月双方通过结算确认，方方公司欠付天天公司工程款共计243万元。2017年1月，方方公司存续分立为方方公司与圆圆公司，并约定案涉合同的权责由圆圆公司承担，但该约定未经天天公司同意。后天天公司起诉至法院，要求方方公司与圆圆公司共同偿还涉案债务。方方公司抗辩称，依据其分立协议，债务应由圆圆公司承担，与其无关。法院经审查后认为，因分立协议关于圆圆公司承担涉案债务的约定未经天天公司同意，故判决方方公司与圆圆公司就案涉工程款债务对天天公司承担连带清偿责任。

法院为何作出了这样的判决呢？因为《公司法》第一百七十六条规定：公司分立前的债务由分立后的公司承担连带责任。但是，公司在分立前与债权人就债务清偿达成的书面协议另有约定的除外。

相对于公司合并，公司分立可能会对债权人的利益有更大影响。因为公司分立会导致公司资产减少，而且公司在分立过程中可以自行决定公司财产的分配，包括债权债务的分割。如果公司将债务分割给一个并不拥有与债务等值财产的公司，那么将严重损害债权人的利益。所以法律规定在一般情况下，公司分立前的债务由分立后的公司承担连带责任。在没有债务清偿书面协议的欠款下，分立后的公司对分立前的公司债务承担无限连带责任，债权人可以在诉讼时效内向分立后的任意一家公司主张权利，要求其偿还债务。

《公司法》第一百七十六条的但书条款含义是：公司分立情况下债务的承担以协议优先，只要债权人与公司之间的债务承担协议不存在无效事由，就对各方当事人产生法律拘束力。也就是说，只要债权人同意，并与公司在分立前就债务清偿达成书面协议，可以免除其他分立后的公司的清偿责任，债权人一旦与分立前的公司签订还债协议，就只能按照协议的约定来行使权利。

普法提示

公司的合并与分立，是公司主体变更的主要形式，是公司对组织结构进行自我调整的重要方式。公司通过合并、分立，可以对公司资产进行重组、调整公司的组织结构、降低投资风险与成本，从而提升公司的盈利能力。市场经济发展过程中，伴随着持续不断的公司并购、重组等公司主体变更，更需各方面市场主体对公司合并、分立及其法律后果享有清晰的认知。针对公司合并、分立涉及债权债务的承担问题，法官给出以下提示。

（一）严格依照法定程序进行

首先，公司作出合并、分立的决议必须符合《公司法》的规定。即有限责任公司应当由股东会作出决议，且必须经代表三分之二以上表决权的股东通过；股份有限公司则应当由股东大会作出决议，且必须经出席会议的股东所持表决权的三分之二以上通过。

其次，公司合并、分立的实施过程要符合《公司法》的规定。即依照规定签订协议，并且编制资产负债表和财产清单。公司还应将合并、分立事项及时通知债权人，并在30日内在报纸上公告。

（二）通过协议体现意思自治

公司在合并、分立过程中，可以通过签订协议的方式进行意思自治，从而规避风险。例如本文开篇的案例中，虽然法院判决达达公司需要承担对吴孔方的债务，但达达公司可以依据其与梅元宝之间的协议，在履行完毕对吴孔方的债务后向梅元宝追偿。而公司在分立过程中，也可以通过与债权人达成协议的方式，确定债务承担的主体。通过签订协议，可以充分体现当事人的意思自治。

（三）债权人应积极主张权利

对公司享有债权的债权人应该积极主张权利，不要“躺在权利上睡觉”。债权人必须在法律规定的时效期间内主张权利，否则将丧失胜诉的权利。债权人要及时行使自己的权利，关心自己的权利，做到及时催款并保存证据，以确保债权在诉讼时效内，可以得到法律的保护。

案例二

股东通过法院解散公司需要什么条件？

——解析《公司法》第一百八十二条司法解散公司的规定

廖春迎[①] 赵桐[②]

案情回顾

（一）解聘经理，风波骤起

颗灵公司成立于2003年，为有限责任公司，注册资本100万元，主要经营制造合成洗涤剂、销售机械设备、技术开发转让的咨询服务等。公司设立时有5位股东，为席春、孙雪、刘风和周某、薛某，持股比例分别为40%、25%、3%和25%、7%。

2010年，经过公司股东会决议，股东薛某、周某以将股权出让给公司其他三位股东（即席春、孙雪、刘风）的方式退出公司，颗灵公司的实际经营管理由刘风负责。后席春表示希望将自己所持公司股权变更至女儿赵雨名下，并获其他股东同意。于是，颗灵公司于2011年5月办理工商变更登记手续，将股东变更为赵雨、孙雪、刘风，三位股东持股比例分别为50%、35%、15%。同时，工商备案的公司章程显示，赵雨任公司执行董事和总经理，刘风任公司监事。章程第十条规定，股东会会议由股东按照出资比例行使表决权；第十三条规定，股东会会议作出修改公司章程、增加或者减少注册资本的决议，以及公司合并、分立、解散或者变更公司形式的决议，必须经代表三分之二以上表决权的股东通过。

自2010年起，公司的实际经营管理工作一直由刘风负责。直到2016年初，因认为刘风存在挪用公司资金、损害股东利益的情况，股东赵雨提出让

---

① 廖春迎，北京市第二中级人民法院副院长。

② 赵桐，北京市第二中级人民法院民四庭法官助理。

其父赵雷担任公司总经理，行使公司的经营管理权。对于赵雨的提议，长期经营公司的刘风自然不同意，股东孙雪站在了刘风一边。颗灵公司于2016年5月25日召开股东会会议，试图解决股东之间关于解聘及聘任公司经理事务的争议，但是赵雨与孙雪、刘风各执立场，无法达成一致，不能形成有效的决议。

（二）对簿公堂，请求解散

孙雪、刘风于2016年向法院起诉请求解散颗灵公司。理由如下：为解决公司出现的经营困难，股东孙雪、刘风多次提议召开公司临时股东会议，重新选举执行董事及监事，但2016年5月25日的股东会没有达成有效决议，此后的股东会赵雨拒绝出席，造成公司经营困难的状况无法协商解决。由于孙雪、刘风与赵雨两方各持有公司50%的股权，就公司问题的解决方案亦无法达成有效的决议。公司经营陷入僵局，没有途径解决，继续存续将使股东利益受到重大损失。

被告颗灵公司辩称，公司一直正常存续经营，未出现任何经营困难，不会使股东利益遭受损失。第三人赵雨述称，同意颗灵公司的答辩意见。

在一审审理期间，各方股东称同意收购对方股权或向对方出让股权。一审法院经审理认为，颗灵公司目前的状况不符合《公司法》和《公司法司法解释（二）》规定的人民法院判决解散的要求，判决驳回孙雪、刘风的诉讼请求。二原告不服，提起上诉。

二审法院驳回其上诉请求，对一审判决予以维持。法院生效裁判认为：本案的争议焦点为颗灵公司是否符合公司解散的条件。第一，各股东之间的矛盾产生于2016年初，原告于同年起诉，且颗灵公司于2016年5月25日召开了股东会会议。孙雪、刘风提供的证据不能证明颗灵公司存在持续两年以上无法召开股东会或两年以上不能作出有效股东会决议的情况。且颗灵公司仅有一名执行董事，不存在公司董事长期冲突的情况。第二，根据举证责任分配的原则，孙雪、刘风请求解散公司负有证明颗灵公司“经营管理发生严重困难，继续存续会使股东利益受到重大损失”的举证责任，但从现有证据并未发现颗灵公司经营管理发生严重困难。第三，“通过其他途径不能解决”是股东提起解散公司之诉的前置条件，其立法本意为要求股东尽量通过自行协商的方式解决彼此间纠纷，当股东通过其他途径实在无法解决时，才能通过法院判决解散公司。根据双方当事人所述，颗灵公司股东之间具有收购对方股权或向对方出让股权的意向，尚不能排除通过其他途径解决问题的可能。因此本案不具备公司解散的前提条件。

法理分析

前述案例中，法院并未判决解散公司。那么什么是公司解散及司法解散？司法解散公司需要满足什么条件？

（一）司法解散——僵持不下的最后出路

在公司的发展过程中，当自身不能继续存续的事由发生时，公司将主动作出或被迫接受终止公司的决定，即解散公司。《公司法》第一百八十条对公司解散的原因进行了规定：（1）公司章程规定的营业期限届满或者公司章程规定的其他解散事由出现；（2）股东会或者股东大会决议解散；（3）因公司合并或者分立需要解散；（4）依法被吊销营业执照、责令关闭或者被撤销；（5）人民法院依照本法第一百八十二条的规定予以解散。

前三种情形属于主动解散，解散的原因来自公司内部的意思自治，由公司的决策机构根据其自身意愿或发展需要，作出解散公司的决定。后两种情形则不完全以公司的意志为转移，而是由外部公权力的合法干预导致解散。其中，第四种情形属于行政强制解散，是行政机关根据其维护市场秩序的职权，对不合规企业进行的主动清理。第五种情形属于司法解散，基于“不告不理”的原则，法院不会主动介入公司治理，而是在公司股东之间“僵持不下”、不能作出有效决议时，依据部分有解散意愿股东的诉请依法进行的裁判。

根据《公司法》第一百八十二条的规定，当公司经营管理发生严重困难，继续存续会使股东利益受到重大损失，通过其他途径不能解决时，持有公司全部股东表决权百分之十以上的股东，可以请求人民法院解散公司。该条款首先明确了司法解散公司的三个构成要件：一是公司经营管理发生严重困难；二是公司继续存续会使股东利益受到重大损失；三是该困难通过其他途径不能解决。该条款亦明确了该诉讼的适格原告必须是公司股东，且要占全部股东表决权百分之十以上。股东提起解散公司的诉讼应当以公司为被告，其他股东为第三人。

（二）解散条件——以组织机构失灵为核心

1. 公司经营管理发生严重困难

“经营管理发生严重困难”是该条款的核心要件，也是司法解散公司的根本原因。《公司法司法解释（二）》第一条对其具体表现有所规定：（1）持续两年以上无法召开股东会或股东大会；（2）股东表决时无法达到法定或者公司章程规定的比例，持续两年以上不能作出有效的股东会或股东大会决议；（3）董事长期冲突，且无法通过股东会或者股东大会解决；（4）经营管理发生其他严重困难，公司继续存续会使股东利益受到重大损失的情形。

前三种情形又被称作“公司僵局”，是指股东间或者公司管理人员之间的利益冲突和矛盾导致公司的有效运行失灵，股东会或者董事会因对方拒绝参加会议而无法有效召集，任何一方的提议都不被对方接受和认可，即使能够举行会议也无法通过任何议案，公司的一切事物处于一种瘫痪状态。[①] 这是一种公司组织机构失灵、无法进行有效决策的状态，分为股东会僵局和董事会僵局。股东会僵局包括无法开会和无法决议两种情形，本质上是股东会

① 《中华人民共和国公司法注释本》，法律出版社 2014 年版，第 108 页。

不能发挥其作为公司权力机关的组织决策职能。[①] 常见情形有：召集开会后无人响应，两派股东各持 50% 股权或多派股东互不配合，使赞成票无法过半等。董事会僵局常见情形有：无法有效召集、出席人数不符合法律或公司章程规定、表决时赞成票无法过半等。

公司，尤其是有限责任公司，在设立之初具有较强的人合性，内部遇到矛盾，常常可以通过自治协商解决，具有一定的“自愈”功能。而所谓“僵局”，有“僵持不下”之意，须具有一定的持续性和长期性，因此有“两年以上”的时间规定。虽然董事会僵局没有“两年”的规定，但亦要求“长期”，且“无法通过股东会或者股东大会解决”，参照股东会僵局规定及实践中的可操作性，恐怕也要两年以上。暂时的矛盾冲突，有望通过沟通予以解决的，不属于“经营管理发生严重困难”的情形。

《公司法司法解释（二）》第一条规定的第四种情形属于兜底条款，当公司不符合僵局条件，但确实发生严重的经营管理困难，公司继续存续会使股东利益受到重大损失时，当事人亦可提起解散公司之诉。该项规定留给法官自由裁量权，需结合司法解散的立法精神和法理基础，根据个案具体判断。

2. 公司继续存续会使股东利益受到重大损失

“继续存续会使股东利益受到重大损失”指股东的利益落空，[②] 是公司僵局导致的结果，也是司法解散的现实原因。一方面，股东利益包括财产利益、现实利益。如当股东利用公司资源成立同业公司开展业务竞争，公司财务账目混乱、证照下落不明等情形发生时，公司业务受到负面影响，股东的股权

---

① 《公司法》第三十七条第一款对有限责任公司股东会的职权作出如下规定：“股东会行使下列职权：（一）决定公司的经营方针和投资计划；（二）选举和更换非由职工代表担任的董事、监事，决定有关董事、监事的报酬事项；（三）审议批准董事会的报告；（四）审议批准监事会或者监事的报告；（五）审议批准公司的年度财务预算方案、决算方案；（六）审议批准公司的利润分配方案和弥补亏损方案；（七）对公司增加或者减少注册资本作出决议；（八）对发行公司债券作出决议；（九）对公司合并、分立、解散、清算或者变更公司形式作出决议；（十）修改公司章程；（十一）公司章程规定的其他职权。”第九十九条规定：“本法第三十七条第一款关于有限责任公司股东会职权的规定，适用于股份有限公司股东大会。”

② 何鸣、刘炳荣：《解散公司诉讼的几点思考》，载《人民司法》2007 年第 3 期。

贬值，投资利益受到损害。又如控股股东利用公司从事违法活动，会给其他股东带来严重的法律风险。另一方面，股东利益也包括权利利益、期待利益。股权本身包含了对公司治理的参与权，以及公司良好运行所带来的长远利益。股东投资公司，既包含了收益愿望，也包含了治理愿望，分别体现在公司的资合性和人合性两个特点上。当股东丧失了对公司的治理权，或股东之间水火不容、公司丧失人合性基础时，股东的权利必然遭到损害。

3. 通过其他途径不能解决

“通过其他途径不能解决”是司法解散的前置条件。司法解释有明确规定，股东不能以知情权、利润分配请求权等权益受到损害，或者公司亏损、财产不足以偿还全部债务，以及公司被吊销企业法人营业执照未进行清算等为由，提起解散公司的诉讼。上述问题，应该根据《公司法》《企业破产法》等相关条款的规定，通过有针对性的救济途径解决。如向法院提起股东知情权纠纷、公司盈余分配纠纷，提出重整、和解或者破产清算申请，成立清算组开始清算等。

此外，法院在审理公司解散纠纷的案件时，对当事人之间的矛盾会着重尝试通过调解解决。一来，有时当事人提起解散公司的诉讼，并非真心想解散公司，而是“醉翁之意不在酒”，希望通过司法解散的威胁向对方施压，此时各方可能更易妥协。二来，即使确不能达成共识，亦尝试引导当事人协商由股东收购原告股权，或以减资的方式使原告股东退出，既使想离开的股东得以离开，又使得公司可以存续。毕竟与解散公司相比，股东的离散成本更低、效率更高。当然，当调解不成时，对于符合解散条件的公司，法院也会及时判决解散，从而实现股东的自由和社会的效率。

（三）本案情形——尚有余地，不能解散

本案中，原告起诉时间为 2016 年，而公司于当年 5 月召开过股东会会议，原告提供的证据不能证明公司存在持续两年以上无法召开股东会或持续两年以上不能作出有效股东会决议的情况，即不能证明存在股东会僵局。而公司不设董事会，仅设一名执行董事，故不可能存在董事会僵局。原告亦未

能证明存在其他经营管理的严重困难，公司继续存续会使股东利益受到重大损失。且在法院审理过程中，各方股东之间有通过股权转让解决矛盾的意向，不排除通过其他方式解决问题的可能性。在法律适用上，只要有一个构成要件不符合，便不能适用该条规定。本案对司法解散的三个构成要件均不满足，法院不能判决解散公司。

知识拓展

也许有人会觉得，司法解散的条件设置过于苛刻，实践中法院又往往从严掌握，当事人通过法院判决实现解散公司的目的难度较大；甚至有人认为只要公司盈利，法院便不会轻易解散公司。实际上，司法解散的条件要求严格，是因为《公司法》意在将治理权尽可能地赋予公司，公权力仅在特殊情况下才能进行干预，从而实现公司自治与司法干预的平衡。法院作为审判机关，严格依法裁判，对于符合法律规定的情形，该判解散时绝不手软。

（一）各行其是，不如一拍两散

下面列举一个公司二股东势如水火、法院判决解散的案例。会展公司于2014年1月8日成立，注册资本30万元。金小华、张小军各自认缴出资金额15万元，各占公司50%的股权。金小华为法定代表人，并担任执行董事、经理，张小军为监事。会展公司一直未能办理“五证合一”的手续，无法向业务相对方提供新的税号，单张发票金额也被税务机关降级，仅能开具单张限额为10000元的发票。张小军现持有会展公司的营业执照正本、税务登记证正本，表示在会展公司进行合理分红的情况下，可以提供上述证照以办理“五证合一”手续。金小华不同意张小军的要求，认为公司现在不适宜给股东分红。金小华于2018年向法院起诉解散公司。起诉时公司仍有盈余。

生效判决认为，张小军曾于2016年向法院提起过解散之诉，虽然当时被驳回，但可知公司股东张小军与金小华之间的矛盾由来已久。且二股东持股比例均为50%，在双方沟通已经出现严重障碍的情况下，无法通过召开股东会的方式解决公司的现存问题。由于双方对是否分红不能达成共识，导致无法办理公司后续经营所需的“五证合一”手续。二股东之间的矛盾明显已经严重影响到公司后续的经营，如果勉强继续经营，对股东、公司及可能存在的债权人而言，均非利好局面。在公司账户仍有盈余的情况下解散公司，亦可避免股东和债权人损失的扩大。故法院判决解散会展公司。

（二）是否解散，与公司盈亏无必然关联

前述案例中，法院最终判决解散公司，因为二股东之间的矛盾由来已久，愈演愈烈，以致不可调和。一方持有公司证照拒不提供，导致公司无法办理行政机关要求的“五证合一”手续，长此以往，公司不能为业务往来方提供发票，将面临生存风险和法律风险，属于经营管理发生严重困难、公司继续存续会使股东利益受到重大损失的情形。且该矛盾因二股东之间关于公司是否分红存在分歧，调解不成。因此，尽管公司处于盈利状态，法院仍然依法判决解散公司。

可见，法院判决解散与否同公司的盈亏情况并无必然联系。这一点已由最高人民法院通过指导案例的方式予以认可，指导案例 8 号的裁判要点提到，判断“公司经营管理发生严重困难”，应从公司组织机构的运行状态进行综合分析。公司虽处于盈利状态，但其股东会机制长期失灵，内部管理有严重障碍，已陷入僵局状态，可以认定为公司经营管理发生严重困难。[①] 说到底，《公司法》第一百八十二条的立法本意是解决公司“人合性”基础丧失的问题。[②] 当公司仅是面临经营不善、出现亏损的风险时，若“人合性”基础还在，股东之间团结一致、共渡难关，公司有望扭亏为盈。即使没有好转，资不抵债，也应该根据《企业破产法》的相关规定进行处理。公司经营中遇到的财

---

① 《指导案例 8 号：林方清诉常熟市凯莱实业有限公司、戴小明公司解散纠纷案》，载最高人民法院网站，http://www.court.gov.cn/shenpan-xiangqing-4221.html，最后访问日期：2020 年 3 月 3 日。

② 蒋大兴：《“好公司”为什么要判决解散？——最高人民法院指导案例 8 号评析》，载《北大法律评论》2014 年第 1 期。

务危机不属于《公司法》第一百八十二条解决的问题，故公司财务状况的好坏也不应该直接决定公司是否被判决解散。那么，公司的盈利情况真的不值得被考量了吗？当然也不是，公司是否处于亏损状态，是判断公司存续是否会使股东利益受到更大损失的重要依据之一。[①]实践中，法院会结合公司的盈亏情况综合判断，是否存在《公司法》第一百八十二条规定的情形。公司的财务状况是司法解散的影响因素，而非决定因素。

普法提示

公司是众多个人和单位的投资利益组合体，章程、决议、协商、妥协未必能够化解各类矛盾和冲突，通过由异议股东向法院起诉解散公司从而化解对立纠纷是一种必要的制度选项。[②]对这一制度正确的理解与运用，一方面，有利于股东理性地治理公司，避免任性妄为；另一方面，也有助于股东维护自身利益，保留退出缺乏人合性公司的最后一道门。此外，亦有助于法院审慎使用司法权力，在审理此类案件时注重促进公司良性发展与维护股东退出自由的平衡，从而兼顾效率与公平。

正确理解《公司法》第一百八十二条，要同时理解司法解散的根本原因、现实原因和前置条件。即，当发生公司僵局或者其他经营管理上的严重困难，公司继续存续会损害股东的财产或权利利益，而股东间的矛盾不能通过另诉或调解等其他途径解决时，股东可以通过法院解散公司。

合理适用司法解散制度，公司股东应注意以下三点：

一是正确认识公司治理中出现的问题。一方面，要端正态度，积极解决。公司在经营管理的过程中，股东与股东之间、股东与公司之间发生矛盾和侵害的情况并不少见，遇到问题不应首先选择通过退出公司的方式进行逃避，而应尝试修复解决，才能实现投资目的。另一方面，要准确辨识不同问题，

---

① 范黎红：《有限责任公司司法裁判解散的困惑及法理思考》，载《法学》2007 年第 4 期。

② 甘培忠：《企业与公司法学》，北京大学出版社 2014 年版，第 437 页。

对症下药，寻求最具有针对性的解决之道，而不是试图在公司解散纠纷中解决所有问题。如知情权得不到保障，可提起股东知情权纠纷；公司决议侵害自身利益，可提起公司决议纠纷等。

二是优先选择其他退出公司的方式。若问题确实难以解决，或出于其他考虑决意退出公司，应首先尝试司法解散以外的方式，如股权转让、公司回购股权、经过协商缩短章程规定的经营期限、股东会决议解散公司等。毕竟，通过股东协商或集体表决的途径实现目的，能够提高效率，降低成本。

三是依法召集和组织股东会会议。在不能通过其他途径解决问题或退出公司，而公司又长期未召开股东会时，欲诉诸司法解散的股东应先召集股东会会议。因为有权提起解散纠纷的股东（占全体股东表决权百分之十以上）亦有权召集临时股东会，若从未试图召集会议，则难以证明“无法召开股东会”。实践中，因原告从未召集而不能证明“无法召开”的案例比比皆是。且召集股东会会议何尝不是再给公司和自己一次机会，若能通过开会协商解决矛盾，化干戈为玉帛，岂不是省时省力、两全其美。

案例三

在何种情况下股东需要承担清算责任？

——解析《公司法司法解释（二）》第十八条第二款

李雪[1]　李梦园[2]

根据《公司法》第一百八十三条之规定，公司除因分离或合并需要解散外，其他情形解散的，均应在解散事由出现之日起十五日内成立清算组进行清算，有限责任公司的清算组由股东组成。

司法实务中一些债权人在获得人民法院对债务人“因主要财产、账册、重要文件等灭失，无法进行清算”的认定后，根据《公司法司法解释（二）》第十八条第二款向债务人的小股东起诉要求承担连带责任。甚至出现了一些“职业讨债公司”，打包收购“僵尸企业”的“旧账烂账”，提起强制清算之诉，再批量向债务人的股东追债，造成股东大量诉累，也使得一些未实际参与经营的小股东面临着承担远大于出资额度的连带债务的风险。我们将通过下面的案例探讨在债权人要求股东对公司债务承担连带责任时，如何认定股东清算责任的问题。

案情回顾

权利和义务相应而生，股东入股设立公司，在享受参与经营决策、获取利润的同时，也负担有在公司注销时依法启动清算程序的义务，否则就可能被一纸诉状诉至法院。

1992年5月23日，天恒公司和晶丽国际大厦合伙设立了食之源公司，天恒公司出资1600万元，晶丽国际大厦以其拥有的一栋写字楼作为营业场所出资。公司账册载明，食之源公司的营业时间为1992年至2002年。

① 李雪，北京市第二中级人民法院民四庭副庭长。
② 李梦园，北京市第二中级人民法院民四庭法官助理。

1993 年 3 月，为了扩大经营、提高流动资金效率，食之源公司向和平银行签订贷款合同，约定食之源公司向和平银行借贷 2700 万元，食之源公司以其所有的坐落于天津市和平区的一栋写字楼作为抵押财产，并办理抵押手续，和平银行按期向食之源公司发放了贷款。

贷款合同到期后，食之源公司未能如期偿还贷款，和平银行向法院提起诉讼。2001 年 8 月，法院作出判决：判令食之源公司偿还和平银行本金 2700 万元并支付利息，并以抵押房产承担抵押担保责任。

判决生效后食之源公司未能履行判决义务，和平银行向法院申请强制执行，执行法院将抵押房产及附属设施、沙发、桌椅、空调等物品进行委托评估、拍卖，经过多次流拍，最终清偿部分欠款。2002 年 9 月，食之源公司尚欠和平银行 1000 万元及相应利息，执行法院裁定终结本次执行程序。

2008 年 1 月 28 日，市工商行政管理局作出行政处罚决定书，以食之源公司未在规定的期限内参加年检为由，决定吊销其企业法人营业执照，并要求其自收到行政处罚决定书 15 日内将公章及合同专用章交到该局；食之源公司应当立即组织清算，并在清算结束之日起 30 日内由清算组织办理注销登记。

2008 年 12 月 13 日，卓信公司作为一家不良资产管理公司，受让了和平银行享有的对食之源公司的债权，并办理了抵押变更登记。2016 年 6 月 27 日，卓信公司将天恒公司和晶丽国际大厦起诉至法院，要求两位股东对卓信公司受让的债权承担连带清偿责任。卓信公司认为天恒公司和丽晶国际大厦作为食之源公司的股东，至今未成立清算组进行清算，应当认定其怠于履行清算义务，且目前公司已无清算之可能，要求股东对债权承担连带清偿责任。

天恒公司和丽晶国际大厦答辩认为，首先，食之源公司的主要财产已经被法院强制执行，经过强制执行后仍然无法清偿债务，并非财产灭失；公司每年办理查账和审计手续，相关材料均在工商行政机关备案，2002 年前多年审计数据显示公司均处于负债状态；而且食之源公司自 2002 年便不再经营。综上，不存在因股东怠于清算而导致公司财产和主要文件灭失的情形，更未因此导致公司不能清算。其次，卓信公司长期未催收债权，本次起诉所依据的债权已经超过债权本身的诉讼时效。最后，食之源公司的营业执照上明确注明经营时间截至2002年，且公司也于2008年被吊销营业执照。卓信公司于2016年起诉，起诉亦超过了诉讼时效。

法院认为：债权人主张权利时，不仅应证明公司股东怠于履行清算义务导致清算程序不能正常进行，同时还应证明其债权因为没有及时启动清算程序而无法足额清偿，债权受到损失。根据在案证据，食之源公司于2001年之前就已经资不抵债，且根据法院相关判决和执行文书、执行材料看，食之源公司的房产及实物财产均通过法院执行程序处理，账户亦已执行，食之源公司的主要财产并未因股东怠于履行义务而灭失，股东怠于履行股东清算义务之行为与卓信成公司的债权未足额受偿之间不存在因果关系。关于和平银行要求股东承担连带责任的诉讼请求，法院不予支持。

关于诉讼时效，法院认为：涉案债权已经经过法院判决和强制执行程序，不受诉讼时效期间的限制。关于卓信公司向两位股东主张连带清偿责任的诉讼请求是否经过诉讼时效，本请求权的基础是侵权责任，卓信公司以食之源公司的股东不履行清算义务为由提起诉讼，要求其对债务承担连带清偿责任，属于行使请求权，应当适用诉讼时效的规定；另外，诉讼时效期间应从债权人知道或者应当知道食之源公司的股东怠于履行清算义务之日开始计算。股东最迟应于食之源公司被吊销营业执照后15日内，即2008年开始清算。卓信公司从和平银行处受让债权时，应当对债权的情况进行核实。且食之源公司的营业执照上注明的经营期限、吊销营业执照的处罚决定书亦属于公开信息。因此，应当认定卓信公司于受让时就应当知道食之源公司未成立清算组进行清算，因此2008年12月13日受让债权时，卓信公司就应当知道权益受到侵害，诉讼时效开始计算，2010年12月13日诉讼时效便已到期，卓信公司起诉时已经超过诉讼时效。

综上，一审法院判决驳回了卓信公司的诉讼请求。卓信公司提起上诉，二审法院认为一审判决事实认定清楚、适用法律正确，维持了一审判决。

卓信公司明明债权受损、食之源公司也未及时清算，为何两位股东却不用承担清算责任？未履行清算义务的股东在何时需要对公司债务承担连带责任？债权人权利受损时，如何要求股东对公司债务承担连带责任？

法理分析

根据《公司法司法解释（二）》第十八条第二款的规定，有限责任公司的股东、股份有限公司的董事和控股股东因怠于履行义务，导致公司主要财产、账册、重要文件等灭失，无法进行清算，债权人主张其对公司债务承担连带清偿责任的，人民法院应依法予以支持。

本条设立的初衷是保护债权人利益，股东享受公司经营、决策及分红的权利，但是同样应当确保诚信经营、引导公司有序退出市场。这是“有限公司的制度基石：股东有限责任”和“市场诚信秩序的保证：债权人利益保护”之间的平衡点。现实市场经济中出现了大量企业未经正常清算退出市场，甚至出现恶意逃避债务的情况，导致债权人的权利无法获得保障，危害了市场经济秩序的正常运营。该条通过对清算义务人及其应清算而不清算民事责任的界定，旨在强化清算义务人依法清算的法律责任，建立一个健康、有序的法人退出机制。[①] 该条设立后一定程度内督促股东按期履行清算义务，促使清算义务人及时启动清算程序，维护市场秩序。但问题随之出现，公司出现未如期启动清算程序、公司财务账册丢失、债权无法清偿的结果后，债权人起诉人民法院要求债务人全部股东对债务均承担连带责任，这就涉及如何准确适用该条规定的问题。

（一）股东为有限责任公司的清算义务人，清算责任来源于未履行清算义务或者未能充分履行清算义务

2017 年，《民法总则》第七十条[②] 在立法层面提出了“清算义务人”的

---

① 最高人民法院民事审判第二庭编著：《最高人民法院关于公司法司法解释（一）、（二）理解与适用》，人民法院出版社 2010 年版，第 333 页。

② 《民法典》第七十条规定：“法人解散的，除合并或者分立的情形外，清算义务人应当及时组成清算组进行清算。法人的董事、理事等执行机构或者决策机构的成员为清算义务人。法律、行政法规另有规定的，依照其规定。清算义务人未及时履行清算义务，造成损害的，应当承担民事责任；主管机关或者利害关系人可以申请人民法院指定有关人员组成清算组进行清算。”

概念，强调清算义务人应当及时启动清算程序，并在未及时进行清算、对相关权利人造成损害时承担赔偿责任。清算义务人的义务是法定义务，根据《公司法》第一百八十三条“公司因本法第一百八十条第（一）项、第（二）项、第（四）项、第（五）项规定而解散的，应当在解散事由出现之日起十五日内成立清算组，开始清算。有限责任公司的清算组由股东组成……”股东属于有限责任公司的清算义务人。相关司法实践，如最高人民法院9号指导案例①，也认可有限公司的全体股东在法律上应一体成为公司的清算义务人。

有学者认为，这种处理方法——股东无论大小、无论是否实际参与经营，都应当附有清算义务人的法定义务，是扩大了小股东的责任。有限公司本身可能存在股权压迫现象，小股东股权被倾轧，缺乏决策能力和管理能力的小股东承担清算义务和责任有违公平。

对此笔者认为，有限公司全体股东均为清算义务人是有合理性的。第一，公司未能及时、适当清算，清算义务人并不必然承担清算责任，这其中需要搭上一条“怠于履行义务，导致公司主要财产、账册、重要文件等灭失，公司无法进行清算”的桥梁，对此后文会有详细叙述。第二，我国现行法律对强制清算的申请具有明确规定，未参与实际经营的股东在向法院申请清算时没有障碍。第三，有限公司的股东群体本身具有相对封闭性，股东之间具有合作的意思表示才能成立公司。一方面要求有限公司全体股东均作为清算义务人以保护债权人利益，另一方面赋予小股东向法院提起强制清算的可能性，且有提出适当履行清算义务的抗辩权利，是具有可操作性的，也更能维持现行法律的稳定性和权威性。

股东的清算责任主要在于及时启动清算程序并协助清算组开展清算活动。这里的协助清算活动并不同于作为清算组开展清算活动（处理变现剩余

① 详见《指导案例9号：上海存亮贸易有限公司诉蒋志东、王卫明等买卖合同纠纷案》，载最高人民法院网站，http://www.court.gov.cn/shenpan-xiangqing-13306.html，最后访问时间：2021年9月5日。

财产、分配清偿债权人），若股东并未成为清算组成员，则清算义务人的责任在于妥善保管公司财产，确保公司证件、印章、档案材料顺利移交给清算组成员。

责任源于义务的不履行，并应当对不履行义务而承担不利法律后果，这是对义务人的督促和惩戒，以促使其全面适当履行法定义务。若清算义务不当履行或者怠于履行，股东的清算义务则会转化为清算责任，股东也会成为清算责任的承担主体。

本案中，卓信公司获得了和平银行的债权，因食之源公司章程规定的营业期限到期，且公司被工商局注销后均未开展清算活动，据此要求股东承担清算责任，对食之源公司所负债务承担连带责任。

那么，为何两位股东最终判决无须承担责任？本案的主要抗辩理由是“因果关系抗辩”和“时效抗辩”。

（二）清算责任的承担须存在因果关系

根据《公司法司法解释（二）》第十八条第二款的规定，从法律条文字面理解的角度来分析，“怠于履行义务”后面接着是“导致”二字，对此赋予了本条文一层“因果关系”，简单来说，“公司主要财产、账册、重要文件等灭失，无法进行清算”是因为股东“怠于履行义务”造成的，股东才应当承担连带责任。

案例中股东的抗辩理由主要是根据审计报告，公司一直处于资不抵债的经营状态，且在债权人主张债权之前已有终结执行裁定和资产评估报告证明公司已无财产。换言之，即使股东按时如期开展清算活动，债权仍然无法获得清偿。

那么终结本次执行在前，法定清算事由出现在后，是否能够当然切断因果关系？

一种观点认为，能够当然切断因果关系，股东主张的债权在执行过程中已经受损，股东的“怠于清算行为”并未造成更深损害，即使当时进行清算，也无更多资产清偿债权人；而另一种观点认为，“终本裁定”并不能够客观完全地说明债务人财务状况，仍然存在潜在应收债权，不排除存在执行阶段无法查找到的财产。[①] 对此，笔者倾向于第二种观点，“终本”并不等于债务人的财产当然完全灭失。但是有另一种情况：在公司出现法定清算事由前后，曾经多次“终本”，北京市第二中级人民法院在（2018）京02民终5474号案件中论述：“主债务人（被吊销公司）在长达近二十年的期间内，在营业执照被吊销的情况下，亦经过前后三任债权人及法院四轮核实调查的情况下，均未有可供执行的财产，无法证明主债务人在被吊销营业执照时，或清算义务人负有清算义务时，主债务人尚有财产。”

因此，因果关系判断是一个集合经济、法律等多方面综合判断的结果，案例中也是“终本”裁定辅以历年资产统计报告及评估报告，综合得出的因果关系切断的认定。

此外，还有因果关系切断的其他情形，例如股东证明公司经营过程中发生火灾、盗窃，账册及材料已损毁丢失，且有向公安机关提交的报案材料和受理通知。此时就需要股东举证抗辩时尽可能增加证明力度。

（三）债权人要求股东承担责任受诉讼时效限制

没有人可以在权利上睡觉——这是我国法律系统对债权人及时行使权利的督促。诉讼时效是指民事权利受到侵害的权利人在法定的时效期间内不行使权利，当时效期间届满时，债务人获得诉讼时效抗辩权。根据《民法典》第一百八十八条第一款的规定，“向人民法院请求保护民事权利的诉讼时效期间为三年。法律另有规定的，依照其规定”。[②] 债权人要求股东承担清偿责任的基础是民法上的请求权，债权人作为权利人在一定期间内不行使权利，该期间届满后，义务人享有抗辩权。根据最高人民法院的司法意见，该请求权的诉讼时效应当从债权人知道或应当知道因公司股东不履行清算义务而致

① 详见深圳市兄弟能源有限公司诉李平股东损害公司债权人利益纠纷案［福建高级人民法院（2015）民终字第977号民事判决］。

② 本案发生时，普通诉讼时效期间为二年。

其债权受到损害之日起计算。[1]

权利受到侵害的具体表征为：公司无法正常清算，债务无法获得足额及时清偿。本案中卓信公司作为资产管理公司，受让获得债权，在受让之前已有公司章程明确规定的经营期限及公开的行政处罚决定书，在受让债权时应当知道食之源公司目前并未清算。诉讼时效由此计算。

知识拓展

（一）另外两种抗辩思路：主体抗辩和行为抗辩

除了因果关系抗辩和时效抗辩之外，股东对债权人要求其承担清算责任的诉求，还存在以下两种抗辩可能。

1. 主体抗辩："名义股东"和"冒名股东"

有限公司的经营和管理具有商事外观主义原则，债权人认定股东身份主要依靠的就是工商登记，即工商登记的全体股东均为有限公司清算义务人。若股东经过合法程序完成退出手续并进行了变更登记，便可以对抗债权人要求"前股东"承担连带债务的请求。

但在司法实务中，"名义股东"和"冒名股东"亦是常见现象。"名义股东"即"代持股股东"，其代持关系与"隐名股东"属于内部约定的范畴，没有对外对抗的效力，因此"名义股东"无法免责。

而"冒名股东"并没有入股公司的意思表示，和其他股东也无经营公司、承担责任的意思联络，更无从知晓公司分立、解散的情况，让"冒名股东"承担连带责任显得有失公平。但要注意对"冒名股东"应进行谨慎而客观的认定。大部分"冒名股东"的抗辩主要就是要求进行工商登记的笔迹鉴定，但是在目前市场经营中存在多起代办、挂名的现象，不足以认定属于"冒名股东"的范畴。除签名真实性外，更要结合是否出资，是否参与经营、意思

---

① 详见《最高人民法院民二庭关于债权人主张公司股东承担清算赔偿责任诉讼时效问题请示的答复》（〔2014〕民二他字第16号）。

联络、获取利润，与冒名者是否存在社会家庭关系等因素多方面判断。

2. 行为抗辩：股东不存在“怠于履行义务”的行为

《全国法院民商事审判工作会议纪要》发布后，要求人民法院认真审查股东提出的关于其没有“怠于履行义务”的有关证据，作出是否支持其抗辩的认定。①

另外，根据《公司法司法解释（二）》第七条之规定，股东享有和债权人同样的向人民法院提起强制清算的权利。那么，若股东未向法院提起强制清算，是否属于不履行法定义务的情况？对此，现行通说认为，这并不属于“怠于履行义务”的情形。第七条赋予股东的是一种法定权利，此种权利无法转化成为法定义务，既然没有义务，更谈不上“怠于履行”。

因此，如果股东能够举证证明其已经为履行清算义务采取了积极措施，或者小股东举证证明其既不是公司董事会或者监事会成员，也没有选派人员担任该机关成员，且从未参与公司经营管理，请求认定自己并未“怠于履行义务”，从而不对公司债务承担连带清偿责任的，则可成为有利于股东的抗辩理由。

（二）股东在公司清算注销时需要承担责任的其他情形

除第十八条第二款规定的无法清算时的归责情况外，《公司法司法解释（二）》第十八条第一款、第十九条、第二十条也分别规定了股东因未充分履行清算义务而需要承担清算责任的其他几种情形。

1. 第十八条第一款：损害赔偿责任

《公司法司法解释（二）》第十八条第一款规定，清算义务人未在法定期限内成立清算组开始清算，导致公司财产贬值、流失、毁损或者灭失，债权人可以主张其在造成损失范围内对公司债务承担赔偿责任。

同案例及前文所述的连带赔偿责任相比，损害赔偿责任具有以下几点不

① 最高人民法院民事审判第二庭编著：《全国法院民商事审判工作会议纪要理解与适用》，人民法院出版社 2019 年版，第 167 页。

同：一是损害行为不同，股东“未在法定期限内成立清算组开始清算”是“怠于履行义务”的形式之一；二是损害结果不同，公司财产贬值、流失、毁损或者灭失时即要承担赔偿责任，无须达到“无法清算”；三是承担责任范围不同，损害赔偿责任的范围以造成的实际损失为限。

2. 第十九条：解散后恶意处置公司财产

股东在公司解散后恶意处置公司财产给债权人造成损失，或者未经依法清算，以虚假的清算报告办理注销登记的，债权人可以主张其对公司债务承担相应赔偿责任。

法院对公司出现解散事由后，未经清算而处分公司财产的行为不予支持。主观上责任人的行为需存在故意或重大过失，即明知道自己的行为会造成公司财产损失并侵犯债权人利益，仍然施行恶意行为（例如改造、变造、损毁公司财产，或转让、抛弃债务、设置财产抵押等），导致公司偿债能力降低，债权人债务无法足额清偿。此种情况下，责任人在处分财产的范围内对公司债权人承担损害赔偿责任。

3. 第二十条：解散后未清算即注销公司

公司解散应当在依法清算完毕后申请办理注销登记。公司未经清算即办理注销登记，导致公司无法进行清算，债权人可以主张股东对公司债务承担清偿责任。

法人出现法定清算事由后必须依法进行清算，债权、债务应当由清算组进行整理，若债权人债权得到足额清偿，公司方可注销。根据《公司法》第一百八十七条，清算组在整理公司资产时发现资不抵债，则应当向人民法院申请破产，债权人的债权再通过破产程序得到保护。未清算即终止法人人格，实际上是剥夺了债权人利益保护的过程。此种情况下，股东应当对公司全部债务承担责任，而不仅仅以自己分配所得财产为限。

普法提示

（一）股东：重视股东身份，严格执行工商登记制度

股东要妥善保管自己的身份证、户口本等身份材料，在亲朋好友请求为公司“挂名”时要审慎考虑，否则可能会出现“人在家中坐，债从天上来”的诉累。股东退出公司时也要尽快办理工商登记，值得注意的是，股东退出公司未及时办理工商登记，或者与公司其他股东内部对于债务承担具有约定的，无法对外对抗债权人。

（二）经营者：清算责任并不限于公司股东

《公司法司法解释（二）》第十八条至第二十条除了明确规定股东承担连带责任外，进一步对“公司实际控制人”同样提出了“适当、妥善履行清算义务”的要求，否则同样对公司债务承担相应民事责任。法人的董事、理事等执行机构或者决策机构的成员都应当尽到谨慎保管、妥善运营公司的义务，否则就有可能追究责任人责任。

（三）小股东：力所能及履行清算义务，保存抗辩证据

债权人保护和非控股股东保护是法院审理的两条主线。小股东在入股公司之前仍要在能力范围内参与公司经营，在知道或应当知道公司解散事由出现之日及时参与清算启动工作，并及时保存证据，作为日后抗辩的关键。包括向其他股东发函要求组成清算组、聘请律师启动清算程序的合同、向法院申请强制清算的材料等。

（四）债权人：适时行使权利，债权受让时尽到审查义务，收集初步证据证明利益损害事实

债权人要求股东承担清算责任的基础是债权存在且合法，债权人受让债权时应当确保债权受让过程合法。从主张权利时的举证责任分配来看，现行

司法实践中，法院要求债权人承担“公司无法清算”的初步举证责任，股东提出反驳证据后，最终仍要由债权人承担举证责任，否则就应当承担不利后果。[①] 在对方提出诉讼时效抗辩时，债权人亦应提供证据，证明自己系出于合理原因，不知道公司吊销或无法清算的事实。

① 详见上诉人秦皇岛方圆玻璃有限公司与被上诉人付政伟、被上诉人王岚股东损害公司债权人利益责任纠纷一案［北京市第二中级人民法院（2017）京 02 民终 6234 号民事判决］。

图书在版编目（CIP）数据

公司治理纠纷典型案例解析 / 鲁桂华主编 .—北京：中国法制出版社，2021.11

（法官说法丛书）

ISBN 978-7-5216-2213-3

Ⅰ. ①公… Ⅱ. ①鲁… Ⅲ. ①公司法–案例–中国 Ⅳ. ① D922.291.915

中国版本图书馆 CIP 数据核字（2021）第 212219 号

责任编辑：王佩琳 封面设计：杨泽江

公司治理纠纷典型案例解析

GONGSI ZHILI JIUFEN DIANXING ANLI JIEXI

主编 / 鲁桂华

经销 / 新华书店

印刷 / 三河市国英印务有限公司

开本 / 710 毫米 ×1000 毫米 16 开 印张 / 14.5 字数 / 214 千

版次 / 2021 年 11 月第 1 版 2021 年 11 月第 1 次印刷

中国法制出版社出版

书号 ISBN 978-7-5216-2213-3 定价：48.00 元

北京市西城区西便门西里甲 16 号西便门办公区

邮政编码：100053 传真：010-63141852

网址：http://www.zgfzs.com **编辑部电话：010-63141801**

市场营销部电话：010-63141612 **印务部电话：010-63141606**

（如有印装质量问题，请与本社印务部联系。）